追梦阅读

U0902614

两个小八路

李心田 著

華中科技大學出版社
http://www.hustp.com
中国·武汉

图书在版编目(CIP)数据

名师导读.两个小八路/李心田著.—武汉:华中科技大学出版社,2019.9
(追梦阅读)
ISBN 978-7-5680-5465-2

Ⅰ.①名… Ⅱ.①李… Ⅲ.①阅读课-中小学-课外读物 Ⅳ.①G634.333

中国版本图书馆 CIP 数据核字(2019)第 170494 号

名师导读:两个小八路
Mingshi Daodu: Liangge Xiaobalu　　　　李心田　著

策划编辑:阮　珍　田金麟
责任编辑:田金麟
封面设计:孙　黎
责任校对:阮　敏
责任监印:朱　玢
出版发行:华中科技大学出版社(中国·武汉)　　电话:(027)81321913
　　　　　武汉市东湖新技术开发区华工科技园　　邮编:430223
录　　排:华中科技大学惠友文印中心
印　　刷:武汉市洪林印务有限公司
开　　本:710mm×1000mm　1/16
印　　张:9.25
字　　数:105 千字
版　　次:2019 年 9 月第 1 版第 1 次印刷
定　　价:22.00 元

“追梦阅读”丛书编委会

主　　编：刘玉堂
执行主编：张　硕　黄德灿
策　　划：靳　强　亢博剑

“追梦阅读”丛书编辑部

主　任：亢博剑　靳　强
副主任：阮　珍　李娟娟
成　员：田金麟　曹　程　沈剑锋　康　艳
孙　念　江彦彧　朱媛媛　林凤瑶
肖诗言　刘　丽　赵　丹　郭妮娜
徐小天　刘巧月

出版说明

本套“追梦阅读”丛书共收录了24部作品，分为3个主题——榜样力量、红色经典、岁月成长，以“名师导读”为丛书特色，由华中科技大学出版社出版。

此次出版只在处理文字讹误等方面做了必要工作，以尽量保持经典作品的语言风貌及其所处的时代特征。如有疏漏，望读者指正。

“追梦阅读”丛书编委会

2019年8月

总序

如果有一种信仰要让全世界共同坚守，那只有阅读。如果读书成为我们的信仰，我们就可以少一份轻浮、空虚，就可以始终保持一种超现实的心态，保持一种向理想进发的热情。

为什么全国上下掀起了一个读书热潮？那是因为读书能帮助我们明确人生方向，开拓我们的视野，陶冶我们的性情。我们能从经典里认识到一个新的自我，在成长的岁月里有一个学习的榜样，在书中探索到生活真正的意义，知道我是谁，从哪里来，要到哪里去，从而找到通往精神家园的路径。

读书是一个庄严的仪式，阅读是一个“追梦”的历程。这套丛书带领我们走进“红色经典”，在“岁月成长”中找到“榜样力量”，享受一次精神旅行。“导读”帮助读者了解作者、写作意图和写作背景，同时也帮助读者了解一本书的内容及其影响，领会今天的社会价值观念的核心。

无论是可歌可泣的《长征的故事》，还是《荷花淀》《铁道游击队》《两个小八路》《小英雄雨来》的抗日事迹，乃至抗美援朝战争，都揭示了一个真谛：人类的精神一旦被唤醒，其威力将无穷无尽。没有苦菜花开的艰难岁月，没有志士仁人的流血牺牲，就不能走向胜利，就没有锦绣山河、可爱的中国的诞生。有多少英雄从《童年》出发去探寻人生之路，《闪闪的红星》曾照耀着整整一代人去寻找光明。翻开《红色家书》看看吧，每一页都记录着革命先烈的远大理想、浩然之气。从李四光、竺可桢、陈景润到钱三强、钱学森，爱国、奉献、拼搏、创新的精神在科学家们身上体现。从吴孟超身上我们看到的是一个大写的爱，从赵君陶身上我们知道严师慈母的仁，从焦裕禄身上我们明白什么叫立党为民。我们为什么要“向雷锋学习”？读读《雷锋日记》，我们要学习的是为人民服务、无私奉献和钉子精神。每一个人心中都有一个英雄偶像，幸福的花为勇士而开，赞赏坚毅的牛虻的奥斯特洛夫斯基告诉我们钢铁是怎样炼成的。

我们希望在“经典”阅读中吸取精神营养，在“成长”的过程中沿着正确的方向追寻自我，对照“榜样”的故事明确使命和担当，在新长征路上不忘初心，“追梦”不止，走向远方，创造诗意人生。

刘玉堂

湖北省社会科学院原副院长

华中师范大学特聘教授、博士生导师

小八路，好儿郎，壮哉，中国少年

小八路，好儿郎，一颗心，飞呀嘛飞前方，愿随父兄去征战，天天打胜仗，天天打胜仗。

太阳红，太阳亮，毛主席，指呀嘛指方向，给我智慧和力量，英勇杀豺狼，英勇杀豺狼。

这是电影版《两个小八路》中的插曲《小八路，好儿郎》中的歌词。

在旧社会，有多少孩子吃不饱饭，有多少小八路没有学上，这些都是旧制度和侵略者造成的。只有推翻旧制度，赶走侵略者，才能迎来老百姓的新生。很多小八路与侵略者斗智斗勇，留下了许多可歌可泣的故事。《两个小八路》就是一个非常著名的关于抗日战争时期小英雄的故事，作者是著名军旅儿童文学作家李心田。

说起作家李心田，很多人还比较陌生，但说起《闪闪的红星》可谓是家喻户晓，它的作者也是李心田。李心田是中国作家协会会员，国家一级编剧。他于1929年在江苏省睢宁县出生，1950年毕业于华东军政大学，参加中国人民解放军，曾担任过部队文化速成中学的教师，担任过济南军区前卫话剧团的编剧、该团副团长兼创作室主任等职务。

李心田从青少年时期开始学习写作，之后陆续在报刊上发表诗文、小说、剧本等。出版过数量众多的儿童文学作品，如《闪闪的红星》《两个小八路》；另外还有《屋顶上的蓝星》《船队按时到达》《跳动的火焰》和《第六演播室》等作品；中短篇小说集《夜间扫街的孩子》；独幕剧《月上柳梢》等；长篇小说《银后》《梦中的桥》《结婚三十年》《寻梦三千年》等。

新中国成立前后是李心田创作的高峰期，他的作品大都是围绕着革命和建设的主题，这和他的个人经历和理想有着很深的渊源。他年轻时一直在军队里工作，所以对历史进程和国家建设非常了解，怀着一腔热血和强烈的爱国主义情怀，创作出一部又一部让人惊叹的经典作品。

2019年7月3日，李心田在济南逝世，享年91岁。这位著名的军旅老作家为中国文学尤其是儿童文学做出了重要贡献。我们要继承他的红色爱国主义精神，学习他为人处世的态度，多读一些有教育意义的好书，提升自己的人文及爱国主义修养。这些，才是对他最大的悼念和尊敬。

1941年12月，日本偷袭美军珍珠港，导致了太平洋战争的爆发。在第二次世界大战，日本帝国主义对中国共产党领导的敌后根据地进行大规模的“扫荡”，实行惨无人道的“三光”政策。抗日根据地处于极端困难时期，从1942年夏季开始，河南又发生大饥荒，中国军民的抗战士气到了暂时的低谷。

《两个小八路》的故事就发生在这样的时代背景下，它再现了在抗日战争最为艰苦的时期，中国的少年儿童不畏法西斯侵略者的屠刀和枪炮，团结一心勇敢反抗的生动场景。

有这样一段感人的故事。在1939年4月的一天，毛泽东到抗日军政大学参加一个会议。半路上，有两个小八路从山坡上兴高采烈地跑到他面前向他问好。毛泽东亲切地问他们:“你们年龄这么小,为什么来参加八路军?”两个小八路争先恐后地回答说:“为了消灭日本鬼子,解放全中国受苦的百姓。”毛泽东听了之后,非常感动,中国共产党挽救民族危亡的壮举在两个小八路心中深深扎了根。听到两位小八路这番鼓舞人心的话,毛泽东笑了笑并问到:“你们知道我是谁吗?”两位小八路说:“知道啊,您是毛主席。”毛泽东说:“不对,我不叫毛主席,我的名字叫毛泽东。”说着,毛泽东蹲了下来,在他们的手心里写上“毛泽东”几个字,并耐心地教他们怎么写这几个字。

这就是著名的“毛泽东和两个小八路的故事”。民族危亡,越是艰苦困难,中国人越能团结一心,打一场声势浩大的人民战争。

《两个小八路》塑造了两位少年英雄——孙大兴和武建华。尽管他们只有十几岁,但他们不屈不挠、坚不可摧,他们为了捍卫民族的尊严,为了取得胜利,用自己的智慧和血肉之躯去和敌人拼杀。

1942年春天,八路军某部独立三团小通信员孙大兴在得知爸爸在战斗中壮烈牺牲的消息后,发誓要为爸爸报仇雪恨,打倒日本帝国主义侵略者。赵团长语重心长地鼓励他,要化悲痛为力量,继承爸爸的革命遗志,为解放全中国受苦难的人去斗争。要把日本鬼子赶出中国去,建设新中国,让天下受苦受难的老百姓全过上好日子。在后来的行军途中,孙大兴因思念自己的爸爸,不小心在峡谷摔伤,由小卫生员武建华负责照顾他。孙大兴痊愈后和武建华一起被组织安排在刘集镇靳锡五家里,大兴和小武分别以木匠靳大叔的小学徒和刘大爷的外孙身份在刘集隐蔽下来。他们的任务是帮助地下党侦察刘集一带的敌情。

伪军助纣为虐,在根据地盘剥老百姓大量的粮食,准备给日本鬼子运过去。孙大兴痛恨伪军,就和武建华设计用一把火把这些粮食全烧了；日本鬼子要在刘集建一个炮楼，加强封锁监视。靳大叔通过侦察，先千方百计拖延修筑的时间，最后带着大兴和小武巧妙地炸毁了炮楼，鬼子和伪军暴跳如雷、惶恐不安；靳大叔要给上级送一封重要的情报，不巧被鬼子跟踪了，不便行动。大兴和小武两个小八路就主动要求去完成送信任务，经过他们的不懈努力，为八路军购进了400发子弹……

艰苦战争生活的磨练，使两个八路军小战士逐步成长起来。大兴牢记"一个优秀的战士在任何时候都不能失去冷静"这句话，他逐渐成长成了一个真正的有勇有谋的八路军战士。班长王玉成来刘集执行任务，在他带孙大兴返回部队的路上遇上了日本鬼子。大兴为了掩护班长被鬼子抓住，鬼子对他百般折磨，但他十分坚强，面对鬼子的威逼利诱毫不动摇。他坚持到八路军来营救他，八路军冲进敌营活捉了日军指挥官，小武也救出了大兴，刘集的日军和伪军受到我军重重地打击。

在顺利完成刘集的战斗后，孙大兴通过这段时间的磨炼成长不少。一次他帮忙搬运地雷时，偷偷拿了两个，在后来与伪军的遭遇战中，他看准时机，拉响地雷，炸死了伪军指挥官王子舟。之后，大兴和刘班长去执行任务，不料被敌人发现，大兴为了让班长脱险，在危急关头将班长推向安全地带，自己却暴露给敌人，不幸被俘。为了完成我军的计划，他将日军引至八路军的埋伏圈。当日本鬼子发现自己中了埋伏后，恼羞成怒，杀害了我们的小英雄孙大兴。这时八路军从山上冲下来，杀得鬼子横尸遍野。故事的最后，当战友们发现大兴的尸体时，所有人都哽咽了。大兴为革命献出了宝贵的生命。武建华接过团长原本留给孙大兴的枪，说道："团长，你给我这支枪，我会像大兴一样去战斗。"他继续着孙大兴未竟的革命事业。

我们生活在幸福的新时代，但我们要铭记历史，我们今天的幸福生活都是千千万万的革命先烈用生命和鲜血换来的。像故事中的少年英雄,他们英勇无畏,在硝烟弥漫的战场上立下了不朽的功勋;他们机智果敢,利用自己的聪明才智出色完成了许多危险的任务;他们坚强不屈,在敌人的威吓和严刑拷打下,毫不畏惧、视死如归……他们的生命虽然短暂,却惊天动地,他们用自己的生命谱写了一曲又一曲慷慨感人的生命之歌。

两个小八路孙大兴和武建华在党的培养教育、战争烽火的洗礼下迅速成长起来,他们像两只雏鹰翱翔在祖国的蓝天下,为解放全中国受苦受难的人民而斗争。这些动人的故事和鲜活的人物形象受到广大读者的喜爱和关注,在社会上产生深远的影响。

这部作品反映了在抗日战争时期为实现民族解放而英勇奋斗的英雄故事。这些感人的经典故事让读者在领略英雄风采的同时,也接受了爱国主义教育,在心中树立起光辉的英雄形象。

我们生活在无数革命先烈用生命缔造的和平世界里,千千万万革命先烈身上的精神带给我们巨大的感动和鼓舞。大兴的事迹也给了我们极大的启示:凡事要积极努力,运用智慧和汗水坚持不懈,争取胜利。

这部作品不但让我们了解抗日战争时期,广大人民的痛苦生活和侵略者的凶残,也让我们深入了解到八路军战士大无畏的牺牲精神。两个小八路在小小的年纪就无数次冒着生命危险和敌人斗智斗勇。现如今,时代更替,我们生活在没有战争的年代。但我们每一个享受和平生活的人都要缅怀先烈、感恩历史,这样才对得起所有为国捐躯的革命先烈。

2018年5月30日,习近平主席在给陕西照金北梁红军小学学生的回信中说:“希望你们多了解中国革命、建设、改革的历史知识,多向英雄模范人物学习,热爱党、热爱祖国、热爱人民,用实际行动把红色基因一代代传下去……希望你们怀着一颗感恩的心，珍惜时光，努力学习，将来做对国家、对人民、对社会有用的人。”

为了实现中国梦，让我们站在国家和民族兴旺的高度高呼：少年强则国强，建设中国的重大责任落在每一个少年身上。

美哉我少年中国，与天不老；壮哉我中国少年，与国无疆！

方亮

目　录

第一部

一

春天了。一九四二年的春天是寒冷的。

从指挥所的窗口望出去，大泽山像一头蹲着的雄狮。天色阴沉沉的。树木还光着枝丫，只有山沟里的野花，已经绽开了蓓蕾。从生的野草挺着尖儿，像一簇簇锋利的短剑。

“啪！”“砰！”远处还传来零落的枪声。

“严峻的日子哟！”赵团长自言自语地说，他从窗口沉重地踱到桌子跟前坐了下来。战士们正在指挥所外边谈论着战斗的经过，手里还摆弄着从敌人手里缴获来的武器。但是每次打了胜仗以后的那种纵情的笑声，现在却一点儿也听不到。“孙连长牺牲了！”这个不幸的消息，紧紧地揪住了战士们的心。

赵团长双手捧着脸沉思起来。他的心头犹如压上了一块铅那样沉重。“你是党的好儿子，咱们阶级的好弟兄！”赵团长在心里庄严地说，“你为了咱们整个部队的胜利，勇敢地献出了自己的生命！多么坚强的同志啊！……”

“报告！”

赵团长猛听得一声清脆而带有稚气的叫唤，不禁身子一震。他抬起头来，小通信员孙大兴直挺挺地站在他的跟前。

“报告团长，你给政委的信送到了！”

赵团长的脸色陡然变了。他激动地打量着孙大兴：这个孙连长的机灵的儿子，闪着神采奕奕的乌黑的眼珠，结实的胸脯挺得高高的，两条有劲的小腿并得紧紧的，身子站得笔直，活像一棵茁壮的小杨树。

“多像他的爸爸呀！”赵团长想：“这突如其来的打击，对这个十三岁的孩子来说，实在太沉重了！暂时还是别告诉他吧！……”

“没有别的事了吗？”孙大兴小心地问。他感到团长的神色和平常不大一样。

“噢，没有了！你去吧！”赵团长还没有拿定主意。

孙大兴举手敬了个礼，敏捷地转过身去。刚走到门口，赵团长却把他叫住了：

“大兴，你别忙走。”

“是！”孙大兴转过身来，疑惑地望着团长。

赵团长走过去拉着孙大兴的手，让这孩子坐在桌子前面的一张方凳上。他心里还在盘算：“事情迟早总要告诉他的。但是还是迟一点儿开口吧，即使迟一瞬间也好。最要紧的，得让这孩子心里有个准备……”

孙大兴不安地瞪着眼睛，他觉得团长今天严肃得有点儿奇怪。

团长对着孙大兴坐了下来，用爱抚的眼光看着这孩子，沉痛地说：

“孩子，告诉你一个不幸的消息……”

孙大兴的心骤然怦怦地跳起来。团长沉默了一会儿，接着说：

“你的爸爸,牺牲了!”

“啊!”孙大兴猛地站了起来,脸色立刻变得煞白,“怎么……怎么……”

团长紧紧拉住孙大兴。这孩子一头扎到团长怀里,“哇”的一声哭了起来。

团长的喉咙哽塞了,他努力使自己平静下来,抚摸着孙大兴的背,轻轻地对他说:

“大兴,不要太伤心。你的爸爸牺牲得很光荣。他阻住了伪军王子舟的增援部队,使咱们能够顺利地消灭王庄的日本鬼子。他为党和人民立下了功劳。人民会永远纪念他的。他虽然牺牲了,他的精神将永远地鼓舞着我们大家……”

赵团长越说越激动,孙大兴一个劲儿地哭泣,并没有完全听进去。忽然他抬起头来,脸被复仇的怒火烧得通红,含满泪水的眼睛向周围巡视了一下,瞥见床头放着一支驳壳枪,他什么话也没说,扑到床前抓起了驳壳枪就往外跑。

团长急忙喊:“大兴,你上哪儿去?”

孙大兴头也不回,冲出了大门。团长一边喊:“拉住他!”一边追了出来。孙大兴已经被两个战士拉住了。他还在使劲儿挣扎,嘴里嚷着:

“放开我,放开我,我要给爸爸报仇!”

团长赶到孙大兴跟前,一把夺下孙大兴手中的枪。战士们都围拢了来。

“我要报仇!叔叔,给我爸爸报仇……”孙大兴呜呜地哭着说。

“仇是要报的。”赵团长抚着孩子的脑袋说,“而且这不是你一个人的仇。”

战士们看孙大兴哭得这样伤心,都想从心里掏出许多话来安慰他。可是有什么话才能减轻这个小战友的痛苦呢?大家面面相觑，都不作声。赵团长向周围的战士扫视了一遍，双手捧起孙大兴的脑袋，抹了抹他脸上的泪水说：

“大兴，别哭了。你的爸爸并不是白白牺牲的。他一个人消灭了几十个鬼子。在他的掩护下，咱们一个排的同志都安全地撤了下来。他牺牲得非常英勇，非常光荣。”

“团长说得对，大兴，”一个战士说，“孙连长是咱们革命战士的榜样。”

另一个战士说：“孙连长为了打日本鬼子，为了咱们穷人得到解放，牺牲了自己的生命。咱们一定要为他报仇！”

“大兴，别哭了。”许多战士同声说，“咱们一定为你的爸爸报仇！”

孙大兴睁大了含满泪水的眼睛，向周围看了一遍。他看到每一个战士叔叔的脸色都那么严肃，那么真挚，心里不由得暖烘烘的。他忽然觉得自己太孩子气了，怎么光知道哭呢？

团长用胳膊搂住孙大兴的肩膀，一边走一边说：

“你看见了吗？同志们都发誓要给你的爸爸报仇哩！这不只是个人的仇，这是国家的仇，人民的仇。在战斗中牺牲的任何一个战士，人民都要给他报仇的。”

“嗯！”孙大兴轻轻应了一声，渐渐止住了抽咽。

“战士们说得对，”团长又轻轻地拍了拍孙大兴的肩头，“你的爸爸是咱们革命战士的榜样。咱们都要向你爸爸学习。你也应该向你爸爸学习哩，学习他的勇敢，学习他永远忠于人民的品质。”

“嗯！”孙大兴用袖子使劲儿抹了抹脸。他挺了挺胸膛，觉得爸爸的高大的身影，就站在他的面前。

正在这时候，魏参谋匆匆跑来了，递给赵团长一份情报。团长打开一看，有力地挥了一下手，对魏参谋说：

“立刻下令，准备转移！”

大兴觉得有点儿突然，部队打了胜仗，为什么要转移呢？他正想问，团长已经开口了：

“大兴，你快点儿去收拾收拾！天黑以前，咱们就要开拔！”

天渐渐地亮了，雄伟的大泽山抹着朝霞，显得更加壮丽了。

站在大泽山上可以望见东方的大海。一轮红日，从海天相接的地方冒了出来。湛蓝的海面上泛起了无数跳跃的金色的光点，闪得人睁不开眼睛。山谷里升起了淡红色的雾，初春的早晨是多么美丽，多么恬静呀！

独立三团昨天在王庄歼灭了一股下乡“扫荡”的日本鬼子，为了摆脱敌人的纠缠，连夜向山里转移。一夜急行军，他们整整翻了七个山头，走了六十多里，进入了大泽山的西山套。战士们一个跟着一个，在蜿蜒的山路上行进。山石被夜露打湿了，滑得厉害。

敌人已经被远远地甩在后面了。战士们一边走，一边又悄悄地谈论起昨天的战斗来。孙大兴却一句话也不说，夹在队伍中间默默地向前走。同志们在谈论什么，他也没听见。爸爸的影子，又出现在他的面前：高高的身子，宽宽的肩膀，脸色又黑又红，下巴上长着硬刺一样的胡子茬……

孙大兴分明记得他八岁的那一年，妈妈在地主家帮工，受到了少东家的侮辱。妈妈一气，上吊死了。爸爸夜里翻进地主家的高墙，用菜刀砍死了少东家，连夜背着他逃出了家乡，在外边流浪了半个年头。后来八路军来了，爸爸带着他投了八路军。

爸爸自小受苦，从来没舒展过眉头，连话都不爱多说一句，脾气显得挺倔。自从参加了八路军，他立刻变得开朗起来，跟同志们有说有笑，好像换了一个人。一高兴，他就纵情地哈哈大笑，笑声老远都能听见。打起仗来，他十分勇敢。在一次激战中，他用刺刀一连撂倒了八个日本鬼子。同志们都叫他“孙快刀”。后来，爸爸当了连长，他……

山路更窄更陡了。队伍走到一段断崖上，左边是四五丈深的山谷，右边是两三丈高的绝壁。战士们一边前进，一边一个一个地向后传：“小心！”“小心！”

“……爸爸对战士们多好呀！就像对自己的亲弟兄一般。”孙大兴还在沉思，没有注意到山路的陡险，“冲锋陷阵的时候，爸爸总是跑在最前面；撤退的时候，总是落在最后。每天晚上，爸爸总要看战士们都睡稳了，自己才休息……”

“小心！”前面的战士招呼孙大兴。

“小心！”孙大兴心不在焉地说了一声。谁知道他自己脚下一滑，身子一歪，就向深谷里滚了下去！

“哎呀！”战士们惊叫起来，伸手想拉住他，却已经来不及了。孙大兴顺着陡坡骨碌碌滚了几滚，幸好他手快，一把抓住了峭壁上的一丛山枣树，身子就挂在悬崖的半中腰里。

三班班长王玉成往下一看，孙大兴上不着天，下不着地，吓得心怦怦地直跳，连忙喊道：

“大兴，抓紧！坚持一下，我马上把你拉上来！”

几个战士迅速地解下绑腿带，交给王班长。班长把自己的绑腿带也解下来了，接在一起，又怕不结实，把两根合在一起，一头拿在手里，一头挂到悬崖腰里，又高声向下面喊：

“大兴，抓紧！抓紧！”

孙大兴浑身火辣辣的，脑子里轰轰地响，心扑通扑通乱跳。下面是几丈深的山涧，他不敢低头看。忽然看见上面挂下来两根绑腿带，他就伸手把它紧紧抓住，听凭同志们把他拉到了悬崖顶上。

“摔伤了没有，大兴？”战士们围过来关心地问。

孙大兴浑身发麻，同志们这样问长问短，使他感到很不好意思。他咬着牙想站起来，谁知道身子刚支起，有一条腿却不当家了，立刻又倒在地上。

“怎么了?”王班长连忙扶住大兴。

孙大兴一看自己身上：裤子被扯破了，膝盖露在外面。左膝盖被石头割了一条二寸多长的口子，血不住地向外流。他觉得胳膊肘也火辣辣的，抬起手来一看，原来也碰烂了，手上还扎着几个山枣刺，好几个小口子也在隐隐地出血。

“快向后传，喊卫生员来!”班长王玉成说。

“喊卫生员，有人摔伤了!”战士们一个传一个，向后面喊。

王玉成和战士们把孙大兴抬到路旁的一块平地上。不一会儿，从后面跑来两个人：一个是宋军医，一个是小卫生员武建华。

武建华挤在人丛里，他看孙大兴摔成这样，不由得埋怨地说：

“大兴，大兴，你怎么会掉到山沟里去的?”

孙大兴抬头看看是武建华，回答说：

“我也不知道呀！脚底下一滑，骨碌一下子就滚下去了!”

“哎呀，你不会小心点儿呀！人家……”

武建华还想说下去，王班长推了他一下，说：

“你这个卫生员问得倒怪有意思的，他是自己愿意掉下去的吗?”

武建华涨红了脸，低下头去，赶紧替孙大兴脱鞋。他是孙大兴最要好的朋友。两个人年纪一般大，脾气又挺合得来。他刚才听说孙大兴掉到山沟里去了，吓出了一身冷汗；跑来一看孙大兴摔得浑身是伤，安慰的话说不上来，反倒埋怨起来了。大兴懂得他的心思，倒一点儿也不怪他。

宋军医把孙大兴的伤口，一处处都洗干净了，然后用纱布裹了起来。孙大兴提好了裤子，又想站起来，谁知道刚支起腿，身子就歪倒了。

武建华赶紧把大兴的胳膊搭在自己的肩膀上说：

“来，我扶着你，慢慢地走！”

“我能走，我自己走！”孙大兴挣扎着，要把小武推开。

“小武，你让开。”王班长一把拉开小武，自己蹲在孙大兴面前说：“来，我背你！”

“不，不！”孙大兴更不肯了，连连说，“我能走！我能走！”

班长不听他的，两只大手伸到背后，毫不费劲地把大兴托在背上，站起来就走。正在这个时候，团长骑着马瞧大兴来了。

“怎么样啦？”团长跳下马来，问孙大兴。

“没有什么，就碰破了点儿皮。”孙大兴一边回答，一边趁机从王班长背上往下坠。

团长皱着眉头，他看孙大兴手上、胳膊肘上、腿上全缠着纱布，摇了摇头，拉过自己的马来，向班长王玉成说：

“叫他骑着马走。一路上好好地照顾他。”

孙大兴本来就在埋怨自己给首长和同志们添了不少麻烦，团长这一回又要把马让给他骑，他更觉得过意不去了，急忙喊道：

“团长！你骑马，我能走……”

“别逞强了！路上小心点儿吧！”

团长嘱咐了一声，头也不回地顺着又陡又斜的小道，一溜儿小跑追赶前面的队伍去了。

二

太阳快落山了，朝西的窗子上，还留下一抹淡淡的余晖。

孙大兴刚摔伤的时候，倒并没感觉到十分疼。在马上骑了几个钟头，现在躺在老乡的床上，他渐渐觉得腿上、胳膊上、手上疼得像针扎火烧一般。指挥所就设在隔壁屋里，他怕扰乱团长和政委，咬着牙忍受着，连哼都不哼一声。他还在埋怨自己太不小心。想起方才挂在悬崖上的情景，他不由得闭上眼睛，暗暗地说："真危险啊！"战士们在外边来来往往，有说有笑，他却一个人躺在屋里，真是太寂寞了。忽然看见房门轻轻地推开了，伸进来一个圆溜溜的脑袋。孙大兴高兴地喊了出来：

"小武！"

"你好点儿了吗？"武建华走进来，轻轻地问。

"没有什么。"孙大兴用手撑着床沿，坐了起来。

武建华看看孙大兴，才半天工夫，他的脸好像瘦了许多，还带点儿青色，眼睛也显得有点儿呆板。武建华知道：这不是由于受了伤，而是孙连长的牺牲，使大兴的精神受到了沉重的打击。他对大兴笑了一笑，便坐在床沿上，从口袋里掏出一个煮熟的鸡蛋，递给大兴：

"给你。"

"哪儿来的？"孙大兴没有伸手去接。

"房东大娘给我的。"

"怎么能随便要人家的东西呢！"孙大兴说。

"我哪是要来的！"武建华连忙解释说："我们昨天转移的时候，房东大娘硬要给我个鸡蛋，我说什么也不肯收。后来走到半路上，觉得口袋里好像有个什么东西，伸手一摸，嗨！原来老大娘偷偷地把鸡蛋搁在我口袋里了。"

武建华一边说，一边笑。孙大兴也笑了，便说：

"给你的，你就吃吧！"

"我不吃。你是伤员，给你吃！"武建华把鸡蛋塞在孙大兴手里。

孙大兴知道武建华是一片真心，不吃反倒对不起他了，便把鸡蛋磕破了，剥了皮，掰成两半，递了一半给武建华。

“你一人吃吧！”武建华说。

“不！一人一半。”

武建华看孙大兴很固执，只好接过半个鸡蛋，陪他一块儿吃。吃完了鸡蛋，武建华向孙大兴说：

“我要向团长要求，不在卫生班了。”

“上哪儿去？”

“上通信班，和你一起当通信员。”

“当通信员比卫生员好吗？”

“那当然！”小武说，“当通信员碰巧能捞着打仗！”

“你还没有枪高呢！能打仗吗？”

“谁说我没有枪高，”武建华站起身来比量着，“马枪才到我鼻子下面。”

孙大兴笑着直点头：“对，你向团长要求吧！当通信员，咱俩在一块儿。”

两个孩子正说得高兴，团长笑吟吟地进来了。武建华连忙站起来，孙大兴也想赶紧下床。团长摆摆手，叫他们俩全坐下，他对小武笑了笑问：

“怎么？你要改行？”

“嗯，我想当通信员。”武建华认真地说。

“我不同意。”团长摇了摇头，“都去当通信员，谁当卫生员呀？卫生员工作也挺重要呀，没有卫生员，打仗负了伤谁给治？革命分工嘛，干什么都一样！大兴受了伤，要是没有你们医务人员，行吗？”

武建华和孙大兴都咧着嘴笑起来。团长问孙大兴：

“怎么样了，走路碍事吗？”

“不，不碍事！”

孙大兴说着，就要从床上下来。武建华连忙把他按住。

“不行，”武建华说，“你不能走路！一走路，膝盖上的伤口就更难长好了！”

“谁说不能走！”孙大兴有点火了，他就怕团长再让他骑马，咬着牙要站起来。

团长上前按住他，说：“小武说得对，你还不能走，躺下吧！”

孙大兴朝小武瞪了两眼，无可奈何地躺了下来。

武建华说：“你就是不能走嘛，还瞪眼干啥！”

孙大兴就怕听这句话。他一赌气，把脸转向里边去了。

团长心里在好笑。他知道孙大兴这孩子很要强，性子执拗。这样的孩子要成为一个真正的战士，还须经过许多锻炼哩。他在一张小板凳上坐下来，问孙大兴：

“说说吧，你怎么会从山崖上摔下去的？”

“我……”孙大兴不好意思地转过脸来，“我光顾想我爸爸啦，没注意，脚底下一滑，就摔下去啦！”

“是呀！”团长沉重地点了点头，说，“这样的事，谁碰上都要难过的。咱们要坚强些，要挺得住，我在你这么大的时候，父母也都死了。”

“也都……”孙大兴睁大眼睛望着团长。

“嗯。”团长点点头，“不过他们都是饿死的！”

“饿死的？”武建华还没有听说过。

“是的。”团长说，“我十三岁那年，家乡闹水灾，地里没收成。我家欠了地主的租子，家里好几天揭不开锅。有一天，我出去捞水草，回家一看，妈妈饿死在床上，爸爸倒在房门口。我去拉他，他吐了两口黄水，也死去了……”

团长的声音越来越低沉。他看到两个孩子眼眶里都闪着泪花，才感觉到把空气弄得过于沉重了，便笑着说：

“你们都比我幸运，这么小的年纪，就参加了革命队伍。我像你们这么大的时候，还在外面要饭呢！等到你们的儿子长大的时候，他们就不会像咱们一样了。”

“我们……”武建华不由得笑了起来，“那要等到什么时候呢！”

“也不会太晚呀！”团长满有信心地说，“到了那个时候，就没有人挨饿了，因为那个时候没有人剥削人了。咱们大家全都能过上好日子了。你们知道吗，那叫做什么社会呀？”

“是社会主义社会！”孙大兴抢着回答。

“对！”团长说，“咱们现在流血牺牲，就是为了把敌人打倒，把日本鬼子赶出中国去，好把国家的大权掌握在咱们手里，来建设社会主义，叫天下的穷人全过上好日子！”

两个孩子聚精会神地听着，脸上的表情非常兴奋，非常认真。

团长接着说，“我们要打倒敌人，敌人却并不甘心死亡。这是一场你死我活的斗争，免不了要流血牺牲。但是咱们相信，咱们的流血牺牲，一定会取得很大的成果！”

两个孩子眼睛眨也不眨一下，激动地望着团长。

“将来咱们胜利了，咱们要给英勇牺牲的烈士立一个纪念碑。”团长用手比画着说，“把烈士们的名字全写在上面，让人们世世代代都不忘记他们。”

“全都写在上面，那能写得下吗？”大兴问。

“写得下。”团长说，“只要写上‘为革命牺牲的烈士永垂不朽，这几个字，就把每个烈士全写上了。大兴，你爸爸的名字，也在这上头了。”

“爸爸！”孙大兴心里念叨着。在他的眼前，真的像竖起了一座雄伟的纪念碑。

这时候，魏参谋匆匆走了进来，向团长小声说：“鬼子和二鬼子

（注：指伪军）大约有两个营，又跟踪追来了。”

“怎么？”团长站了起来。

魏参谋说：“七里沟的群众来报告，敌人已经进沟了，看样子要奔这里来。”

“咱们必须马上转移。”团长说完，便和魏参谋一起走了出去。

武建华看了看孙大兴，埋怨说：

“还得转移！看你怎么办吧，又不能走！”

“我……”孙大兴气呼呼地说，“你为什么向团长说我不能走呢？”

“我不说，你也是不能走呀。你别怕，我给你想办法，叫军医给你找一副担架！”

“不，我不要！我爬也要自己爬着走！”

武建华不听他的，头也不回地走出了屋子。

屋子里只剩下孙大兴一个人了。他看看自己的腿，腿上裹着的纱布隐隐地渗出血渍。他把两条腿从床上挪下来，手支撑着床沿站在床前，试着迈开步子。伤口痛得像针扎一般，他咬着牙刚走了三步，就再也支持不住了，膝盖一软，栽倒在地上，伤口震得钻心的痛。他没有叫喊，一手扶着床沿想站起来，可是用尽力气试了两次，都失败了。他难过极了，眼泪成串地直往下掉。

班长王玉成正好端了一碗面条出来。他看见孙大兴倒在床前，吓得“哎呀”一声，急忙放下碗，把大兴抱到床上，一边说：

“大兴，你怎么自己下床来了！”

“部队又要转移了，可是我……”孙大兴低下了头。

“你愁的是这个呀！没关系。”班长笑着说，“你不能走，我们背你！全班每人背你十里路，一夜保险走个百儿八十的。放心吧，快把面条吃了，待会儿好走！”

班长把面条端到孙大兴床前，拍拍孙大兴的肩膀，便走出去了。

孙大兴看着面条，一点儿也不想吃。他想："我真的得让人背吗？不能！我不能叫同志们为我增加负担。"他又慢慢地挪下床来，先把身子站稳，才试着迈步。这一回总算挺住了，没有跌倒，但是每走一步，伤口都像刀割一样地痛。他在屋子里来回走了两趟，痛得浑身都汗透了。他忽然觉得肚子饿了，坐下来端起面条，就大口大口地吃起来。

"解决了！解决了！"武建华跑回来，高兴地向孙大兴说，"军医说，一定给你搞副担架！"

"什么担架，我不要！"孙大兴放下碗，没好气地说，"我自己能走。"

孙大兴说着又站了起来，慢慢地走了几步。

"嗨！"武建华摇了摇手说，"行起军来，像你走得这样慢，那可完了！"

"要走得快，我也行呀！"孙大兴不肯认输，咬着牙快走了两步。可是第三步还没迈出去，他已经痛得脸色铁青，身子直摇晃，汗顺着他的脸颊往下流。武建华急忙把他扶到床上，埋怨说：

"看你！快别再走了，不行就是不行嘛。"

孙大兴瞪了小武一眼，把头偏过一边，也不知道是生小武的气，还是生自己的气。忽然他听见隔壁屋里团长在说话：

"……环境太残酷了。这孩子又摔坏了腿，只好让他插下来了！"

孙大兴连忙拉了一下小武，两个孩子都侧着耳朵听。

"是呀，"这是政委的声音，"我们天天要和敌人转圈子。这些孩子跟着部队，太劳累，也太危险。我们也不可能很好地照顾他们，还是让他们插下来好。"

"我打算把大兴和小武全插到刘集。"

“老靳的意见怎么样？”

“老靳很高兴，他说，他正需要助手呢！”

“你舍得这两个孩子吗？”

“有什么办法呢？好在时间不长。等情况好转了，就接他们回队。”

“部队马上就要转移，老靳今晚上能带他们走吗？”

“能。老靳一会儿就来。”

两个孩子听说要他们离开部队，都吃了一惊。孙大兴咬着牙站起来。武建华立刻会意了，用肩膀架着大兴，两个人一步一挨，吃力地走到指挥部门口，一起喊道：

“报告！”

“进来！”是团长的声音。

武建华把门推开，孙大兴一歪一拐地走到团长跟前，气呼呼地敬了个礼。

“报告团长，我哪儿也不去！”

“怎么？你已经知道了！”团长看了看孙大兴说，“好吧，咱们就来谈谈。”

团长让大兴和小武坐了下来，平静地对他们说：“这是团里的决定，像你们这么大的小孩，要插下来，有家的暂时回家，没有家的就隐蔽到老乡家里。最近的情况，你们也知道。鬼子、二鬼子，还有顽固派（注：指国民党顽固派）联合在一起对付咱们。部队天天要行军，跟敌人转圈子。你们跟着，腿都会跑断的。”

“不，我决不离开部队！我爬也要跟着部队走！”孙大兴的声音微微颤抖，眼泪都快流出来了。

团长懂得孙大兴的心情：爸爸才牺牲，又要马上离开部队这个大家庭，心里是够难过的。但是当前的环境，不允许他改变方才的决定。他就回过身来问小武：

“小武，你怎么样？”

“我……”武建华眼珠转了两转，说：“我也不愿意离开部队。但是我服从命令。”

“对，服从命令，这是革命军人必须做到的！”团长委婉地说，“你们暂时插下去。等情况一好转，我就派人接你们回来。”

孙大兴满肚子委屈，眼泪簌簌地掉下来，恳求说：

“团长，让我留下吧！我爸爸的仇还没报，我不能去当老百姓……”孙大兴喉咙哽住了。

“谁叫你去当老百姓呢！”团长笑着说，“你们插了下去，还有重要的任务交给你们哩！”武建华急忙问：“什么任务？”

团长说：“协助一个同志，当部队的眼睛和耳朵，懂吗？”

武建华点点头说：“懂，就是当侦察，搞情报！”

“对。”团长也点了点头，“跟敌人斗争，有各种不同的形式。有时候需要在战场上，面对面拼刺刀；有时候却要钻进敌人的心脏去，作各种隐蔽的斗争。你们插下去，不过换了一个战斗岗位罢了，仍旧受组织的领导。大兴，你总该满意了吧？”

正说着，一个木匠背着工具箱走进来了。孙大兴一看，原来是二区的民运股长靳锡五，只听得政委向他说：

“老靳，咱们团长正在做说服工作呢！”

老靳放下了工具箱，爽朗地笑着说：“好啊，思想打通了，免得以后闹思想问题。”

团长向老靳打了个招呼，对孙大兴说：“你看，靳股长不也当了老百姓了！”

孙大兴心里正纳闷，便问：“靳股长，你怎么当了木匠了？”

这一问，团长和政委都笑了。老靳笑着说：“二鬼子占了刘集，嫌刘集没有个木匠，我就去干这个活了。”

团长说：“孩子们，你们该明白了吧。要炸掉敌人的碉堡，就得把地雷埋在碉堡里面。老靳，大兴方才还闹情绪哩，他说不愿当老百姓！”

“哈哈，当老百姓！”老靳又大笑起来，“咱们这一辈子是注定了，当什么也得干革命！”

“老靳啊，要让你多担点儿心了。”政委说，“他们都是革命的后代，也是咱们的希望。”

老靳拍拍两个孩子的肩膀说：“出不了岔儿，你放心吧，政委。有我，就有这两个孩子。”

团长又把大兴和小武端详了一遍，严肃地向他们说：“团党委决定：你们俩就跟靳股长插在刘集，以后直接受区里领导。刘集是个两不管的地方，情况很复杂。你们无论如何不能暴露自己的身份。要知道，你们是组织中的一员，自己一暴露，就会给革命带来极大的损失！”他伸出双手，一只手拉住一个孩子，说：“你们年纪虽然小，但是已经是革命战士了。一个战士，应该具有这样的品质：要服从组织，要忠于人民！”

两个孩子点着头。他们知道，既然是党委的决定，就一定要严格执行。

团长回过身向老靳说：“他们俩暂时归你指挥了。”

老靳兴高采烈地说：“好呀，那我就多了两个小兵。”

政委又叮嘱说：“老靳，你既要注意他们的安全，又要让他们经受些锻炼。只有实际的斗争，才能锻炼出坚强的战士来。”

老靳向孩子们笑了笑说：“闲不着，我们那里，斗争热得像火一样哩！等会儿天黑了，我就来带他们走。”

老靳背起工具箱走了，团长对孩子们说：

“小武，把大兴扶回去休息一会儿吧。到了靳大叔那里，你先好好照料大兴，把他的伤养好！你们俩千万要记住，要听靳大叔的话。”

三

刘集这地方，原先是八路军的根据地。后来八路军撤走了，汉奸队又来住了一个时期。汉奸队在这里常常受到八路军袭击，不敢待下去，也撤走了。刘集就成了个两不管的地方了。说是“两不管”，其实两边又都管着：明地里有汉奸队的保长经常派捐要款，可是暗地里，又有八路军的工作人员领导着人民同敌人作斗争。

靳锡五同志过去是刘集北面白河区的民运股长。后来刘集让敌人占领了，组织上就派他到刘集来开了个木匠铺，暗地里领导人民和敌人斗争。他就像孙悟空钻进了铁扇公主的肚子，随时可以抓住敌人的心，叫敌人疼得满地打滚。

在刘集的西街上，住着一位刘振羽大爷，是个忠厚耿直的庄稼人。他只有一个女儿，嫁在掖县邵家村，现在家里就剩下老两口子，种着一亩多菜园子。八路军独立三团住在刘集的时候，团长和政委就住在他家里。

老靳带着孙大兴和武建华两个来到刘集之后，把大兴留在自己的木匠铺里当学徒，把小武插到刘大爷家里，改名邵建华，对外人就说是刘大爷的外孙。武建华每隔两三天，晚上就偷偷溜到木匠铺去，替大兴看伤换药。过了一个多月，大兴的伤口就长好了，能跟着老靳学着干活了。可是小武怎么办呢？老靳和刘大爷一商量，把他送到刘集小学去上学。

刘集小学设在一家祠堂里，只有四个班，六七十个学生。武建华在家里念过两年书，就插在三年级。他按照老靳的指示，在学校里一面念书，一面团结教育周围的同学，跟他们讲抗日的道理，让他们知道，中国有共产党，有八路军，有毛主席，就一定能打败日本鬼子，消灭汉奸伪军。

伪保长田瘸子的儿子田家林，也在这个小学里念书。他父亲仗着日本鬼子的势力欺压老百姓，这小子也仗着他父亲的势力，常常欺侮同学，连老师也不放在眼里。

有一天放午学的时候，小学生排着队走出校门，田家林戴着值日袖章，走到队伍旁边。他一边歪眉瞪眼地看着同学，一边得意洋洋地挥着胳膊喊：

"喂，走好，走整齐啦！咱们来唱个歌，唱《大东亚进行曲》，一二！"

田家林自己领头张开了嘴唱：

旭日升，耀光芒，
扬子江上锦龙翔。
……

几个年纪小的学生，有一句没一句地跟着他唱起来了。武建华向后面的同学努努嘴，眨眨眼睛，又悄悄拉了拉前面几个同学的衣服。大家立刻会意，你拉我一下，我扯你一下，都紧闭着嘴，不作声了。只剩下田家林一个人的破锣嗓子在嚷嚷。田家林没趣地停了下来，瞪着眼珠子喝道：

"喂，怎么不唱了？唱呀！"

同学们都不理睬他。武建华小声地向身旁的同学说：

"别唱这个汉奸歌，来，咱们唱《枪口对外》！一二！"

武建华一领头，几个学生便放声唱：

枪口对外，

瞄准敌人，
一枪打一个，
一步一前进！
……

一下子，小学生全跟着唱了起来。大家越唱越振奋，越唱越有劲儿。田家林在一旁却发了慌。今天他是值日领队，要是让他爸爸或者别的汉奸二鬼子听见了，那还了得。他扬起胳膊，队前队后来回跑，嘴里嚷嚷道：

“不许唱！不许唱！谁领的头！”

同学们瞧他狼狈成这样儿，越发提高了声音唱：

我们是铁的队伍，
我们是铁的心，
维护中华民族，
永做自由人。
……

田家林听见武建华唱得最响亮，跑过去一把抓住他的衣领，气势汹汹地问：

“你唱什么？”

“我唱歌。”武建华说。

田家林气得眉毛竖了起来：“不许唱这个！”

武建华也把眼一瞪：“不许唱这个，唱什么？”

“唱《旭日升》！”

武建华头一偏，轻蔑地说：“我不会唱那个歌！中国人不唱那个歌！”

“你说什么?”田家林使劲儿把武建华往外拉，“走，见老师去!”

“不去!”武建华想甩开田家林，可是田家林死劲儿揪住他不放。

同学们平时最恨田家林，看他这样霸道，就一齐拥了过来：

“干什么，你凭什么抓人家!”

“你要管还早点儿呢，还没当上保长哩!”

“你别凶，汉奸饭吃不长!”

田家林又羞又恼，还是不松手。武建华再也忍不住了，下面用脚一勾，上面用手一推，把田家林推倒在地上。田家林摔了个四脚朝天。

同学们都哈哈大笑起来。有个学生喊道：

“田家林，家里有床不睡，干吗睡在地上呀!”

还有几个学生一齐有板有眼地念起来：

“小保长，田家林，处处向着日本人。为啥向着他？是你干爸爸!”

“哈哈……”大家都笑个不住。

田家林脸红得像猪肝。他从地上爬起来，饿狼似的向武建华扑过来，嘴里又是哭，又是喊：

“告诉俺爸爸，非揍死你!”

武建华恨透了这个小汉奸，正想趁这个机会狠狠地揍他一顿。他举起拳头，忽听见旁边有人重重地咳嗽了一声，转过脸一看，原来是刘大爷。他连忙住手，忍住气跑到刘大爷跟前，叫了声：“爷爷!”小保长知道跟武建华打架占不了便宜，嘴里谩骂着溜走了。

刘大爷用带点儿埋怨的眼光看着小武，对他说：“谁叫你跟人家打架！快跟我回去!”

武建华不好意思地低下头来，跟在刘大爷背后，向家走去。他这时候才埋怨起自己来：刘大爷和靳大叔再三叮嘱我不要暴露，怎么自己这样沉不住气呢？图一时的痛快，到底有什么好处呢？他不敢看刘大爷的脸色。

刘大爷和小武默默地走着，谁也不作声。快到家了，他们看见隔壁刘三柱家门口围着一大群人。只听见刘三柱在人丛中大声说："没有粮食，家里好几天都揭不开锅了！真是一颗也没有！"又听见一个人恶狠狠喝道："妈的，这家没有，那家没有，叫我们喝西北风吗？你今天不交粮食，跟我们见日本人去！""随你的便吧，"刘三柱不软不硬地回答说，"反正逼着也是死，饿着也是死！"

刘大爷心里明白，这是群众有组织的抗粮。他和小武挤进了人群，看见门口站着几个凶神似的伪军，伪军班长叉着腰，瞪着眼，对刘三柱说："你说没有，我可要翻，翻出来你说怎么办？"

"没有，你翻也是没有！"刘三柱嘴里这么说，脸色却有点儿不太自然。

伪军冲进门去，在外间屋到处乱翻，坛坛罐罐砸得满地都是，却一颗粮食也没找到。一个伪军就要去搜里屋。刘三柱急忙抢前一步，用身子挡住了里屋的门说：

"老总，里屋你不能去，我老婆正在月子里。你不能去！"

"去你妈的！"伪军推开刘三柱，横过枪托来就要打。

刘大爷向站在旁边的乡亲们使了个眼色，喊道："老总，公事是公事，也不能不讲点儿人情呀！"他走上去挡在刘三柱面前，顺手推开了伪军手里的枪，接着说："老总。谁家没有个生男养女的呀。人家正在月子里，你怎么好往人家屋里闯呢！"

"怎么！"伪军把眼一瞪，"你少管闲事，我们光管要粮，不管别的。你给我滚开！"

伪军举起枪，要打刘大爷。六七个身强力壮的庄稼汉挤到刘大爷身旁，齐声向伪军喝道："别动手打人！"有一个还故意撞了伪军一下，几乎把伪军撞倒。

“怎么？怎么？你们要怎么样？”那伪军倒退一步，叫起来。伪军班长也霎时间吓愣了。

刘大爷走到伪军班长身边，把声音放软了些说：“老总，谁不是人生父母养的？总得照顾照顾别人的老婆孩子呀！你不就是咱们前村的人吗？按说，都是不远的乡邻，低头不见抬头见的，做事总得留个退步，往后的日子还长着哩！”

伪军班长听刘大爷话中有话，耷拉着脑袋不作声了。刘大爷接着说：“我知道弟兄们也难，可是老百姓更难呀。能有一点儿办法，谁敢跟官家顶呢？老总，你多包涵点儿吧，宽限几天，让他再想想办法。”

伪军班长偷偷看了看周围，只见大家都攥着拳头，脸色不善，就改变口气说：“我们也不想出来挨骂。日本人催得紧啊，我们跑了三天，就收了那么点儿粮食，回去没法向上面交代呀！”

“是呀，是呀！”刘大爷点头说，“这年月大家都难啊！你就多担待点儿，再到下一家看看吧！”

伪军班长只怕事情弄崩了白挨揍，正好借着刘大爷的话下台阶，就向伪军挥了挥手，没滋没味地蹩出门去了。

刘大爷从刘三柱家出来，就向小武说：“你先回去吧，我到老靳那儿去一趟。”说着就奔老靳的木匠铺去了。

老靳正和孙大兴在院子里锯木板。他看见刘大爷匆匆忙忙地走进来，知道有事儿，就吩咐大兴看着前门，自己拉着刘大爷，一起到后边的小屋里去了。

到底出了什么事儿呢？大兴正在纳闷，忽听得街上一阵吆喝，几个伪军押着十几个扛着粮食的老乡过来了。“这不是抢来的粮食吗！”孙大兴眼都气红了，“喂饱了日本鬼子，还让他们来杀咱们中国人！不，不能，我得让靳大叔想办法！”

孙大兴三脚两步奔到后院，看见小屋的门关得紧紧的，却听得靳大叔在屋里轻轻地说："这批粮食决不能让鬼子吃到嘴！上级指示说：鬼子现在前方后方全闹粮荒。我们把粮给他断了，就掐住了鬼子的喉咙！"

"可是他们抢到不少了。"刘大爷说，"我刚才到保长家去看了看，敞篷底下堆的全是粮食。听说明天就要运走。"

"不能让他们运走！"老靳斩钉截铁地说。

"能叫部队来打吗？"刘大爷问。

"不行。部队最近有别的任务，不能来。"

"那怎么办呢？"

孙大兴听到这里，眼珠转了几下。"不行！"他对自己说，"我得找小武商量去！"

孙大兴在刘集住了三个月，三天两头看见伪军到村里来抢粮逼款，欺压老乡们，心里早憋着一股子气。这一回，他再也忍不住了，飞似的跑到刘大爷家里，一把拉住小武，什么话也不说，钻进了屋子后面的菜窖里。

"什么事呀！"武建华问。

孙大兴把刚才听到的说了一遍，兴奋地说："咱们烧二鬼子抢的粮食去！"

"谁叫去的？"

"我想的办法。"

"你想的？"武建华愣了一下，"靳大叔知道吗？"

"他不知道。"孙大兴说。

"那不行。"武建华说，"这样干是违反纪律的。"

孙大兴摆摆手说："这怎么是违反纪律呢？靳大叔不是说了吗，这批粮食决不能让鬼子吃到嘴。"

"这不行！"武建华坚持说，"要干，得先跟靳大叔说说。"

“不能说!”孙大兴固执地瞪了小武一眼,“你想想看,要是你说了,靳大叔还能放心让咱们去干吗?一定又说咱们的年纪太小,没有经验。准不让去!咱们先干出点儿成绩来,让靳大叔他们瞧瞧,以后有什么任务,就会放心交给咱们去干了。我刚才听刘大爷说:粮食明天就要运走。要干就在今天夜里。”

武建华听孙大兴这么一说,心里也有点儿活动了,便说:“你打算怎么干呀?”

“放火烧,烧得它一干二净。让鬼子喝西北风去。”孙大兴压低了声音,兴奋地说,“我负责侦察地形,搞刨花。你去搞一瓶煤油。别忘了一人带一盒火柴。”

“好是好,可是不跟靳大叔说,行吗?”武建华心里还有点儿犯嘀咕。

“咳,只要事情办好了,还怕什么。”孙大兴生怕小武说出去,“你呀,就是胆子小!”

“谁胆子小?”武建华说“你要上天,我也敢跟你去!”

快半夜了。天上布满灰色的浓云,到处黑黝黝的,空气又闷又热。

在田保长家里看守粮食的十几个伪军,正围着方桌赌牌九。煤油灯照着一张张挂满汗珠的油光光的脸。他们呼五喝六,彼此粗野地叫骂着,不管是输是赢,都在桌子上狠命地摔着骨牌。抢来的粮食,堆放在屋子外面的一个草棚底下。伪军们越赌越起劲儿,早把粮食给忘了。

孙大兴和武建华悄悄地摸到保长家的后墙外边,武建华蹲下身来,孙大兴踏在他的肩膀上,翻上墙头,又伸手把小武也拉了上去。两个孩子轻轻跳下墙去,蹑手蹑脚地走进草棚。孙大兴把两口袋刨花全掏出来,塞在粮食堆缝里,武建华把一瓶子煤油浇在刨花上,接着“刺拉”一声,划着了火柴,把刨花点着了。

火光照亮了孙大兴和武建华紧张的脸。两个孩子转身就跑，熟练地爬上了墙头。正好这时候，伪军班长出来小便。他看见院子里烟雾弥漫，草棚里火苗直往外蹿，急忙喊道："着火了！快来呀！"他抬头一看，火光里有个人影正翻过墙头去。他又大声喊："放火的逃了！快出来追呀！"自己从腰里摸出手枪，也翻过墙头，紧紧追赶前面的两个黑影。

屋里的伪军一听失了火，都慌乱地跑出来。"救火呀！""抓人呀！"院子里嚷成了一片。田保长披着衣裳也赶出来了。他抓起一面破锣，跑到街上乱敲乱喊："失火了！快来救火呀！"

街上乱了起来，伪军东奔西跑，又喊捉人，又喊救火。老乡们披衣起来推开门一看，见是田保长家失火，又都把门关上了。急得那十几个伪军嘴里乱骂，挨家打门找水桶。等到他们找到水桶，提了水来，草棚里的粮食早已烧成了灰，还烧掉了保长家的一间房子。

这边的火还没救熄，那边伪军班长却快要追上孙大兴和武建华了。

他隐隐约约看到前面跑的是两个孩子，一心想抓活的，一边追一边大声吆喝道："站住！再跑我就开枪啦！"

两个孩子头也不回，只顾拼命往前跑。跑到岔道口，孙大兴把小武猛向小巷子里一推，说了声："快往北跑！"他顺手从地上摸了块石块，回过身来，向伪军班长扔过去。说也巧，石块正好砸在伪军班长的脚骨拐上。伪军班长喊声"哎哟！"发狠一扣扳机。

孙大兴听得后面"砰"的一声枪响，急忙把身子往墙根上一贴。他看小武跑进小巷子里去了，便放开脚步，继续往前跑。

伪军班长这一枪，却吓坏了木匠铺里的老靳。老靳本来打算夜里到区里去汇报情况，忽听见街上人声嘈杂，走到屋外一看，是保长家起火了。他心里一动，想起下午看见大兴收拾刨花来着，而这时候还不见这孩子回来，说不定这孩子……他正在着急，忽听一声枪响，便顺手抓起一把斧头，奔到后院，翻过院墙，向枪响的方向跑去。

这时候，伪军班长快要追上孙大兴了。在黑暗中老靳看到有两个人在奔跑，一个逃一个追，追的一个还气喘吁吁地喊："你跑不了啦！快站住！我开枪啦！"老靳急忙向墙拐角里一闪，把身子贴在墙上。他看见一个矮小的人影从前面跑过，后面追上来的，分明是一个伪军。他立刻把腿往外一伸，伪军班长给绊了一下，"扑通"趴在地上，还来不及喊叫，老靳的斧头已经"咔嚓"一声砍了下去。

孙大兴不知道背后发生了什么事，仍然拼命往前跑。老靳追上来小声喊："大兴，我在这里！别跑了！快跟我回去！"

孙大兴一听是靳大叔的声音，才停了下来，呼呼地喘着粗气说："大叔，我……我……"

"回家再说！快走！"老靳一把拉住大兴就走。

老靳和孙大兴还没有回到家里，伪军已经来挨户搜查了。

靳大婶听见大门给打得"嘭嘭"地响，捏着一把汗，从里屋走出来问："谁呀？"

"快开门！查户口！"几个伪军在门外凶狠狠地叫道，"妈的，再不开就砸门啦！"

靳大婶急得在院子里团团转，心里忙着编词，忽听后院"扑通！扑通！"两声，老靳和大兴回来了。靳大婶又惊又喜，还来不及问，老靳挥了挥手，示意她去开门，自己拉着大兴，跑进里屋去了。

靳大婶一开门，四个伪军闯了进来。靳大婶装作睡眼惺忪地问："干什么呢？老总，半夜三更的。"

"查户口！"一个伪军气势汹汹地说，"你家几口人？"

"三口。"

“都在哪里啦？”伪军一面问，一面用手电筒到处照。

靳大婶撩开里屋的门帘，眼睛一扫，心里有了着落，从容地指着床上说：“那是我们当家的，病了，吃了药在发汗。”

伪军用手电向床上照了照，见老靳蒙着被躺在床上，露出半个脑壳。他走到床前掀开被子一看，老靳额角上果然在冒汗。靳大婶慌忙过来把被子掖好，赔笑说：“老总，别给凉了汗！”

“还有一个呢？”伪军问。

“噢，在那边屋里。”

伪军跟靳大婶走进小套间，看见屋子西头的一张床上，躺着个十三四岁的孩子，睡得很沉。伪军又把手电前后照了照，没发现什么，便挥了下手说：“走！”

靳大婶送伪军出了大门，把门闩上。老靳起来，擦了擦头上的汗，走到大兴床前问：“你怎么搞的？”

“用刨花掺煤油烧的！”孙大兴翻身坐起来，兴奋地回答。

“谁叫你烧的？”老靳的声音沉重而严厉。

“啊……”孙大兴听出老靳的口气不对，“我自己想的。”

“哼，你自己想的！”老靳更生气了，“你在部队里就是这样想干什么就干什么吗？真是无组织无纪律！”

孙大兴挺不服气，他想：“烧的是敌人的粮食，这难道错了吗！”便噘着嘴说：“我不能眼看着让敌人把粮食运走！”

“对！可是你把自己暴露了！”老靳点上一袋烟，闷闷地吸着，“光着腚戳马蜂窝，就会把马蜂引到自己身上来！懂吗？你想过没有，这样一暴露，会给组织带来什么后果？”

孙大兴心里难过极了，没想到干了这么一件轰轰烈烈的大事，不但没受到表扬，还要挨批评。他一来气，就冲口说了句：“我决不连累组织！”

“想得倒好。”老靳冷笑了一声，“你出了问题，敌人就不会追究了？我知道，你不想连累组织，可是这由不得你。你应该先跟我商量一下。你干的事，我得全部负责。”

孙大兴猛然清醒过来，他想：“对呀，要是我出了问题，靳大叔怎么向团长交代呢。刚才要不是靳大叔，结果不知怎样哩。要是让敌人抓住了，还会不牵连到靳大叔吗！刘集的组织不是就会遭到敌人的破坏吗！哎呀，真险！这样冒冒失失地想干就干，乱子可得闹大啦！”大兴想到这里，汗珠顺着脊背直流。

老靳看大兴一声不响，似乎感觉到了自己的错误，便把声音放得柔和了些说：“你勇敢，这很好。但是我们是干革命的。干革命不能随随便便，要对组织负责，也就是对人民负责。你瞧着吧，你今天打了一个闪，明天敌人就会打雷！”

孙大兴想：“这话好像听谁说过。哦，政委说过。那时侯只觉得这话很对，却没有去好好想过。这回有了教训，以后再办事情，可不能老图一时痛快了……”

“大叔，明儿天一亮我找小武去。”孙大兴突然抬起头来，看着老靳说。

“干什么？”

“把你刚才说的话告诉他。”

“唔，用不着。”老靳说，“这么大的事，做外公的还能不好好教训他的外孙一顿吗！”

四

粮食被烧掉的第二天，伪军中队长田仑赶到刘集来了。田仑是田保长的叔伯兄弟，排行老三。因为他一只眼睛大，一只眼睛小，老是斜着眼看人，大伙儿背地里又都叫他田三斜子。

田三斜子气得像一只疯狗，一摇一晃地闯进田保长家的大门，一脚把地上的那面破锣踢得老远。田保长正在屋里抽大烟，听见外面“当啷啷”一声，欠身向外骂道：“妈的！谁呀？”抬头一看，见进来的是田仑，他急忙站起来，换了一副笑脸说：“吓吓，是老三哪！快坐下，快坐下。”

田仑一屁股坐了下来，溅着唾沫星子恼怒地问道：“大哥，你管的这个地面太不像话了！粮食放在你家里都会被烧掉，真太不像话了！”

田保长苦笑着摊开两只手：“老三哪，这不能怨我呀！你们的弟兄不也在这里吗！”

“全都是他妈的饭桶！”

田三斜子嘴里不干不净地骂着。田保长赔著笑脸，两手捧起大烟枪说：“老三，老远跑来，先抽上两口再说。”

田三斜子毫不客气，往床上一躺，接过大烟枪，凑在烟灯上，一边抽，一边说：“日本人吩咐下来啦，要在这里修一座炮楼！”

“修炮楼？”田保长刚躺下，急忙又坐了起来。

“嗯，这是日本人的命令，五天之内必须把炮楼修好！”

“哎呀，我说老三哪！”田癞子抓了抓脖子，“这个事不好办哪！人工，材料，都不好张罗。再说，炮楼一修起来，以后咱这个地方，仗可就打得更多了！”

田癞子就是这号人，他甘心给日本鬼子当走狗，可是他是一条癞皮狗，只指望仗着日本人的势力搜刮几个钱就行了。他害怕打仗，怕一打起来，刘集就可能解放，连他吃饭的狗盆也会给打翻了。

田三斜子的眼睛更斜了：“那没有办法，日本人叫修就得修！谁叫你不把粮食看管好，让八路给烧了！日本人在这里修炮楼，也为保护你呀！要是八路军一来，咱们脖子上这个，也不牢靠哩！”田三斜子说着，敲了敲自己的脑袋瓜。

田瘸子想起被斧头砍死的伪军班长，心里一阵哆嗦，舔了舔嘴唇说：“好吧，修就修吧！”

当天晚上，保长派保丁通知各甲甲长，叫每户派一个人到刘集北头去修炮楼。第二天吃过早饭，没有一个人去上工。保丁挨户催，可是很多人都下地干活去了。没下地的人，也都躺在床上装病。结果也没有叫去几个人。

第三天，田三斜子调来十几个伪军，一早就跑到各家去，用枪硬逼着出工。锄地的也不让下地，割草的也不让上坡，连有病的也要从床上拉起来，一律要去替日本鬼子修炮楼。修了七天炮楼，才只有半截高。

这天晚上，刘大娘搬张凳子坐在门口做针线，眼珠却溜溜转地来回张望着。在后面的小草屋里，几个人围着老靳在开会。

老靳说：“区里有指示，敌人的炮楼，无论如何不能让他修成。刘集这个地方，是咱们活动必经之地。要是安上炮楼，住上敌人，咱们的活动就要大受限制。”

刘大爷说：“可是不修不行啊！大伙儿也反抗过。二鬼子挨门挨户逼着，谁不去也不行。”

孙大兴插嘴说：“就让他们修，等鬼子住上了，叫咱队伍来把他们端了，不就完了吗！”

老靳摇摇头说：“不行，敌人住上了，再打就麻烦了。”

“怎么办呢？”大伙儿都期待老靳出个主意。

老靳沉思了一会，说：“我再到区里去请示一下。目前，大家尽量磨洋工，决不能让敌人把炮楼修好。”

第二天，孙大兴又跟大伙儿一起去修炮楼。他和一青年农民抬着一块石头，嘴里哼着“唉唷！唉唷！”，从山上走下来。两个人左晃右摆，走两步退一步。监工的伪军一背过脸去，孙大兴便说：

“搁下，搁下！”两个人把石头放下，把扁担放在石头上，坐在扁担上歇气。孙大兴瞅着那快要修好的炮楼说：“妈的，快要修起来了！”

青年说：“炮楼修起来，一住上二鬼子，以后就更受罪啦！”他向孙大兴做了个鬼脸，说：“你坐好，我拉屎去！”

“你去吧！”孙大兴小声笑着唱起来：“磨洋工，磨洋工，拉屎撒尿三点钟！”

青年耸耸肩，向远处一个篱笆厕所跑去。

一个老头挑着两块石头从山上下来，孙大兴便喊道：“王大爷，够累的喽，来，歇一会儿吧！”

老头摆摆手，递了个眼色，小声地说：“田三斜子来了！”

孙大兴一转脸，果然看见田三斜子和田保长一起走过来了。这田三斜子正在发脾气哩。

“你这碗保长饭还想吃不想吃呀？”田仓冲着田保长说，“日本人限五天修好，今天都八天了，还没修起来。你叫我怎么向日本人交代？”

田保长指着快修好的炮楼说：“这不就快了吗？只差尺把高了，今天晚上准能完成。”

两个人来到孙大兴跟前。孙大兴还是悠闲自在地坐在那儿。田仓斜楞着眼向保长说：“你瞧，净来这么些半大的孩子，还滑得跟油似的，能干活吗？”说着扬起鞭子向孙大兴抽过来，“你他妈的不快抬，还坐在这儿享福！”

孙大兴向旁边一躲，皱起眉头说：“那个人拉屎去了！”

“真是他妈懒驴上磨屎尿多！”田仓忿忿地和保长一起向炮楼走去了。孙大兴朝着他们的后影啐了一口唾沫，骂道：“狗汉奸羔子！”

为了这天一定要把炮楼修好，田仓亲自在工地上督工。他命令伪军逼着大伙儿加紧干。一直干到天黑，把炮楼修好了，田仓才让收工。他看着修好的炮楼，得意地想：这一回又能在日本人跟前领赏了。因为有了上次烧粮的教训，他临走的时候命令：晚上要派个岗哨在炮楼跟前看守。

老乡们疲倦地离开工地。他们一面往回走，一面回过头来看那才修起的炮楼。那炮楼就像一座山，压在大家的心头。

孙大兴也不断回头来看那新修起的炮楼。他恨不得立刻把它拔掉！回到家门口，他看见靳大叔背着工具箱刚好从外边回来了。那工具箱沉甸甸的，里面像是装了什么东西。两个人走进屋里，老靳就低声向大兴说："快去把小武找来。"

孙大兴知道有事，连忙跑到刘大爷家，把小武拉了来。老靳把门掩上，让靳大婶在前面屋里看着，自己领着两个孩子走进后面的小屋里。小屋里没有点灯，月牙的微光从窗外射进来。孙大兴和武建华心情都很紧张，不断交换着眼色。老靳叫他们俩坐下，小声地说："现在有一个重要任务，需要咱们一起去完成。"

"什么任务？"两个孩子一齐问。

老靳看着他们俩，声音放得更低更有力地说："去把敌人刚修好的炮楼炸掉！"

"炸炮楼！"两个小鬼的心突突地跳起来。

"什么时候？"孙大兴问。

"就在今天夜里。"老靳说。

孙大兴高兴极了。他忽然想起烧粮的事，忍不住问道："这不怕暴露吗？"

老靳赞许地说："大兴，你这个问题提得好！不过，这一回不是怕暴露的问题了。第一，敌人已经怀疑刘集有咱们的组织。修这个碉堡，就是想加一把锁，来钳制咱们的活动。咱们必须抢在敌人下锁之前，把这把锁砸掉！第二，斗争还有策略，我们炸了碉堡，再布置个迷魂阵，让敌人摸不透是谁干的。”

两个孩子听得眉飞色舞。

老靳又说：“砸掉这把锁，还关系到我们部队的活动。你们想，敌人在刘集一安上据点，碍手碍脚，我们的部队行动就不便了。所以我们必须搬掉这块绊脚石！”

“对！”两个孩子觉得老靳说得真有道理。

老靳又说：“斗争有时候是软的，有时候是硬的。敌人伸出拳头打咱们，咱们既然不能躲，就不能白挨打，而是要把他的拳头砍掉！”

“对，炸掉它！”武建华说，“叫二鬼子知道点儿厉害！”

老靳说：“区委十分重视这个任务。在武器弹药很缺乏的情况下，还拨给了我们一包炸药和一个大地雷。我们一定要很好地去完成！”

“炸药！”大兴高兴得几乎拍起手来。他知道炸药是很稀罕的，不到节骨眼儿上，是舍不得用的。

老靳接着说：“区里原来还要派两个人来，后来考虑到他们出来进去都不方便；二来呢，”老靳故意停下来，微笑地看着两个孩子说，“大叔相信你们俩能够协助我胜利完成这个任务。政委不是说过吗，不能让你们闲着，那就到实际斗争中练练翅膀吧！”

“大叔，现在就去吗？”孙大兴迫不及待地站起来说。

“别忙，”老靳说，“还有准备工作要做呢！坐下来吧！”老靳把活动计划向两个孩子作了交代。这时候，月牙已经西斜，小屋里显得更黑了。

“锵！锵！”街上更锣敲了两响，已经是二更天了。

新修起的炮楼，在月光下投下了长长的影子。一个伪军持着上刺刀的枪，在炮楼下面看守着。

“啪！”离炮楼不远的地方，不知什么响了一声。站岗的伪军竖起了耳朵听。“啪！”又响了一声，分明是从炮楼的左边发出的。

“谁？”伪军警觉地向炮楼左边走去，走了大约一百来步，却什么也没有发现。他刚想往回走，“啪！”前面又响了一声，还看见几点迸出来的火星子。伪军急忙向冒火星的地方跑去，原来是一个小孩，蹲在那里放爆竹。伪军火了，大骂道：“妈的！扰乱治安，找死吗？”孩子一听见骂声，马上站起来就跑，可是跑了不远，又蹲下来放起爆竹来。伪军更火了，气呼呼地追上去。

放爆竹的孩子是武建华。伪军一离开炮楼，老靳和孙大兴就从炮楼旁边闪了出来。老靳拿着张开机头的匣子枪，站在炮楼外面对孙大兴说：“快去吧！”孙大兴抱着一包炸药和一个大地雷，迅速地摸进了炮楼。他放下炸药和地雷，用小铁铲在地上挖了个坑，把地雷放进坑内，又把炸药包放在碉堡内壁的一个方洞里。这一切他做得非常准确迅速。老靳探头进来看了一下，又到外面放哨去了。

孙大兴刚收拾好，老靳又探头进来小声问：“好了吗？”

“好了。”

“动手吧！”老靳说完退了出去。

孙大兴擦着火柴点燃了炸药包上的导火绳，立即钻出了炮楼。老靳看见大兴出来了，摸出一张纸来，贴在离炮楼不远的一所房屋的墙上，然后拉着孙大兴，一口气跑出了好远。

伪军追武建华没追上，怕炮楼里出事，急忙跑了回来。跑到炮楼跟前，忽然“轰隆”一声巨响，那伪军随着破砖碎石一起被炸得飞到空中去了。

伪军中队长田仑听得一声“轰隆”，已经心惊肉跳，一听说是碉堡被炸，马上带着一队伪军，赶来现场察看，只见硝烟弥漫，新修起的炮楼变成一堆烂石头。田仑又怕又气，浑身一个劲儿地打战。

一个伪军跑来说："报告中队长，那边墙上有一张布告。"

田仑的腿有点儿发软，他走到墙跟前，让伪军打着手电筒，看那纸上写道：

上次烧粮，今天炸堡，再不悔悟，狗命难逃！

四区区中队

"呀！是八路军的武工队！"田仑浑身哆嗦得更厉害了，一手把布告撕了下来。

五

田仑和田保长吃了这次亏，又是恼恨，又是胆寒。恼恨的，是共产党、八路军接二连三地把沉重的拳头捶在他们的脑袋上，他们在日本人跟前不但请不了功，还要担过。胆寒的是，他们觉得自己好像坐在刀尖上，说不定什么时候遇上八路军、武工队，他们的性命就要完蛋。

不过他们毕竟是日本鬼子死心塌地的走狗，仍然要和人民为敌。他们把烧粮、炸炮楼的事向城里的鬼子头儿一一作了报告。鬼子头儿一琢磨：第一，群众抗粮，一定有人领头；第二，粮食刚要运走，忽然被烧掉了，还砍死了一个伪军班长，分明是共产党地下组织干的；第三，群众对修炮楼一致消极对抗，也一定有人指使；第四，炮楼修起来的当天晚上，就被共产党的武工队炸掉，行动如此迅速，证明武工队一定得到了刘集的地下组织的密切配合。于是鬼子派了两个特务到刘集来，限期破获八路军的地下组织。

这两个特务一个叫胡安，一个叫吕品三。他们来到刘集，跟田仑、田保长计议一番，由胡安在前街口摆一个烟卷摊子，吕品三在后街口开一个小饭馆。两个特务像两条狗一样，天天把着前后两道关口，注意来来往往的人。

敌人虽然狡猾，但是这个诡计，很快就被老练的老靳识破了。他通知了所有的往来关系，随时提高警惕，不给敌人一点儿空子钻。这两条等食的恶狗在刘集待了两个月，连一点儿味儿也没嗅到。

一天上午，木匠铺里走进来一个人，手里提着一个方凳，向老靳说："这个凳子有一条腿坏了，你能修理吗？"老靳抬头一看，认得是区里的交通员范秉成，会意地说："行啊，你放在这里吧！"范秉成再补了一句说："腿坏了，你给换一条。""好吧！"老靳望着范秉成，点点头。

范秉成刚走，老靳叫孙大兴在前面看着，他拿着那条破凳子到屋里去了。孙大兴不认识范秉成，不知道这是怎么回事。不大一会儿，老靳出来了，靳大婶正在院子里洗衣裳。老靳过去和她小声地说了几句话，又回过头来嘱咐孙大兴说："吃过中午饭，你叫上小武，到西门外边等我去。"说罢，他背起木匠的工具箱，就出去了。

孙大兴已经猜到了，那条破凳子一定带来了什么密信，可是靳大叔急急忙忙地跑到哪儿去了呢？靳大婶晾好了衣服，看见孙大兴身上的小褂，袖肘上烂了个洞，便说："大兴，把褂子脱下来，我给你补补。"

孙大兴瞧了一瞧袖子，说："不碍事，冷不着，不用补了！"

靳大婶却什么也不说，进屋去拿了件老靳的褂子出来，硬要孙大兴把褂子换下来。大兴不好再推，他穿起又长又大的褂子，自己不由得笑了出来。靳大婶接过大兴的破褂子来缝补，一边对大兴说："咱们现在的日子过得苦，将来就好了。常听你大叔说，将来咱们要过社会主义哩。”

孙大兴向门外看了看，见街上没有人，兴奋地接上去说：“社会主义可好啦！把地主资本家全打倒，咱们穷人来当家，自己劳动，自己享受，多快活！”

“哎，要到那时候就太好了。”靳大婶说，“大兴，你说我能赶上过那日子不？”

“能！”孙大兴肯定地说，“一定能！政委常跟我们讲形势，他说别瞧日本鬼子挺凶，咱们八路军有全国的老百姓拥护，越战越强，最后胜利一定是咱们的。胜利了以后，咱们就可以建设社会主义，人人都过上好日子了。”

“唔，那就好了！”靳大婶又逗笑地问，“大兴，那时候你还当木匠不？”

“我呀？”孙大兴认真地想了一想，“我得先打仗。听团长说，咱们赶走了日本鬼子，还要打倒反动派。把所有的坏蛋全打倒了，到那时候，我还是当木匠。”

靳大婶问：“干吗还要当木匠呢？”

“将来一定要盖很多房子给咱们穷人住，要做很多好家具给咱们穷人用。我这个木匠呀，就给大伙儿干活，让穷人也享享福。”

孙大兴说得很高兴，靳大婶听得很有趣，忽听得大门口一声喊：“享什么福呀？有我一份吗？”两人吓了一跳，一看是小武，才放下心来笑了。

武建华是刘大爷通知他来的。孙大兴也不多说，到锅台盛了碗饭吃了，换上补好的褂子，向靳大婶说：“我们得走了。”

大婶点了点头：“去吧！小心点儿。”

孙大兴和武建华手拉着手走到西圩门外。这里有一条小河，河西岸有一大片高粱地。高粱已经成熟了，田地里有些人在收割。孙大兴站在小桥上向远处望了望，没有老靳的影子，便向小武说："走，咱们到南边树底下去。"

两个孩子在一棵大柳树下坐了下来。太阳偏西了，风吹过小河，水面泛起粼粼的金光。周围静悄悄的，只有几只蝉在树上鸣叫。天已经不很热了。孙大兴抬头听着蝉鸣，沉思了一会，问小武道："你想部队吗？"

"想啊！"武建华说，"我夜里常常梦见咱们的团长和政委哩！"

"团长说过，过几个月就来接咱们。可现在都快半年了，怎么还不来叫咱们回去。"

"准是情况起了变化。部队绝不会忘记咱们的。"

"我也这样想。"

孙大兴站起来，又向路上望了望，还是没有老靳的影子。他又坐下来，对小武说："你教我识几个字吧！"

"好吧！"武建华拾起一根树枝，用手抹平了地上的土，写了几个字教孙大兴认。

"啪！啪！"

河对岸忽然嘀起了枪声。两个孩子连忙站起来，只见对岸地里的高粱棵直晃荡。孙大兴望了小武一眼，说："是不是靳大叔出了事了！"

又是"啪！啪！"两响，枪声越来越近了，还有人在吆喝。武建华说："坏了，一定是靳大叔……"他们俩正想从小桥上过河去，忽见高粱地里钻出一个人来，一纵身跳进了河里。孙大兴忙喊：

"靳大叔……"

老靳在河里也看见他们俩了。他招了招手，从腰里解下一个小包裹，使劲儿扔上岸来，气喘吁吁地说："拿起这包裹，快跑！"

武建华拾起扔过来的小包裹，还想问个明白，老靳却连连挥手说："快，快跑！"

孙大兴推了小武一把："你先跑吧！"

武建华抱着小包裹，转身就往圩里跑，后面的吆喝声越来越近了。老靳浑身水淋淋地爬上河岸，对孙大兴说：“你还站着干什么？快跑回家去！告诉你大婶，叫她快躲起来，你也快躲起来！”孙大兴答应着，忽听得“扑通扑通”两声，对岸的两个伪军也跳下了河。孙大兴回过身来，撒腿向北飞跑。

伪军在河里搅得水哗哗响，一面冲着老靳喊：“快来人啊，截住他！”老靳跑到了圩墙根，腾身翻上了圩墙。两个伪军像两只落汤鸡似的爬上河岸，朝老靳放了一枪。老靳回手还了一枪，一纵身跳到圩墙里去了。两个伪军跑到圩墙前，这个催那个上，那个催这个上；这个骂那个“胆小货”，那个骂这个“怕死鬼”，两个人却都不敢上去，只怕挨枪子。后来他们拾了块石头扔进圩墙里去，听听里边没有动静，才一起爬上了圩墙，一看圩墙里全是杂草乱石，连个人影儿也没有，老靳早已跑得无影无踪了。

正在田地里干活的人一听见枪响，都乱跑乱躲，乱成了一片。圩子里大人叫，孩子哭，人人都往家里跑，弄得鸡飞狗走。这么一乱，两个伪军更抓不住头绪了。后面的一小队伪军追到圩墙前，却不见了人影，都大眼瞪小眼，不知如何是好。

正在这时候，田仑带着十几个伪军，也从小桥上跑过来了，一面擦汗，一面问：“人呢？跑哪儿去了？”一个伪军班长耷拉着脑袋回答：“他……他翻过圩墙就不见了！”

“真他妈的饭桶！”田仑狠狠地骂道，接着又问：“从哪里翻过去的？”

伪军指着圩墙说：“就从这里！”

田仑爬上圩墙，向里面看了看，又从墙上跳下来，命令伪军说：“赶快把圩子包围上，不要放一个人出去！我谅他也飞不上天！”他又转身向一个亲信的班长说：“快带人到木匠铺，把靳木匠的老婆抓起来！”伪军班长答应一声，带着两个伪军，就向街上跑去。

伪军人大腿长，又抄了近路，结果先到一步，等孙大兴跑到街上，就看见木匠铺外面围着一堆人。孙大兴吃了一惊，也来不及考虑该怎么办，加快脚步往前跑去，刚跑到人群跟前，忽然被一个人一把拉住，抬头看时，原来是刘大爷。刘大爷摆摆手，示意他别开口。他用自己的身子挡着大兴，把大兴挤在墙角里。

孙大兴躲在刘大爷背后，心怦怦地乱跳。前面围着几层人，又看不清到底出了什么事。忽听得一个声音恶狠狠地问道："说，你男人回来了没有？"

大兴伸长颈项从人们的肩头上向屋里望去，只见那胡安和几个伪军正在逼问靳大婶。靳大婶头微微昂着，眼睛看着前面，紧闭着嘴，一声也不吭。

"别装聋作哑！"胡安声色俱厉地问，"你家的学徒跑哪儿去了？"

靳大婶仍然不回答。

"什么？你还不说！"伪军班长从地上拾起一根木条，照着靳大婶背脊就抽。

靳大婶脸上的肌肉抽搐了一下，嘴闭得更紧了。

孙大兴的心像被撕裂一样。他猛地推了下刘大爷，想钻出去"自首"，免得敌人折磨大婶。刘大爷却更有劲儿地挤住他，不让他动一动。他想喊出来，一抬头，看见刘大爷用眼神示意他不许胡来，他只得咬咬牙，屏住气不作声。

伪军班长一连抽了几下，靳大婶连气都不吭一声。伪军班长气得咬牙跺脚，向手下的伪军一挥手："把她带走！"

"上哪儿去？"靳大婶愤怒地抗议。

"你男人是黑八路，你也脱不了。走吧！我们中队长有请！"伪军班长拿枪向外面指了指。

靳大婶没有移动脚步，坚定地站着。她眼光迅速地向人群中搜索着,嘴里故意大声说:“乡亲们,你们都亲眼看见了,我一不犯罪,二不犯法,他们就凭空来作践人。”

“你是八路婆子,还没有罪!走!”伪军班长推了靳大婶一把。

靳大婶和刘大爷的眼光碰上了。刘大爷微微点了一下头,又把头向自己背后偏了偏。靳大婶放了心,慢慢走出大门。

胡安向伪军班长挤挤眼,走到靳大婶跟前,带着奸笑向她说:“你不想走也行,只要告诉我们那个学徒到哪里去了,我担保不抓你走!说吧!”

靳大婶轻蔑地瞥了胡安一眼,从容地说:“走吧。”

胡安的脸气得像个紫茄子。他磨着牙骂:“不知好歹的婆娘,有你受的!”

伪军拥着靳大婶走了。

乡邻们也愤怒地散开了。几个人故意和刘大爷走在一起,掩护着大兴走进了小巷子。

孙大兴一个人逃到圩子外面的一个苇塘里,在浅滩上的一丛苇子后面坐了下来。西斜的太阳晒得孙大兴身上火燎燎的,他心里烦得像团乱麻。靳大叔怎么会让敌人追赶的呢?他现在跑到哪里去了呢?敌人会怎样折磨靳大婶呢?小武拿的那个包里是什么东西呢?这一切都应该让组织知道,可是怎么跟上级联系呢?……他越想越心焦。老靳、大婶、小武、刘大爷的脸,一一出现在他的眼前。要是在部队里,那有多好啊!这几十个伪军,一下子就可以全部消灭光!咳!可是现在……他看看西方,太阳还挂在高高的天空里。刘大爷再三嘱咐他,不到天黑不能回圩子里去,这天为什么还不黑呢!

太阳好不容易落山了,天色渐渐地暗下来。星星一颗又一颗地出现在淡蓝色的天幕上。孙大兴站起来听听周围没有什么动静，就蹑手蹑脚地走出了苇塘。

圩子里又黑又寂静。孙大兴看见圩门口有一个伪军在站岗，他绕了过去，从圩墙的一个缺口爬了进去，顺着墙根摸到了刘大爷家门口。刘大娘正坐在门口的一块石台上，她看见一个人影，小声问道："谁？"

孙大兴答应一声："是我！"悄悄地走到刘大娘跟前。刘大娘连忙把他拉进屋里，对他说："哎呀，孩子！我直担心你在路上出了事呢！"

"小武回来了吗？"孙大兴不放心地问。

"在后面院子里呢！"刘大娘悄声说。

孙大兴隐约听到后院有挖地的声音，赶紧跑过去，看见挖地的正是小武，就高兴地轻轻喊了声："小武！"

"谁呀？"武建华问。

"是我。"孙大兴来到跟前一看，小武正在挖一个坑。

"挖坑干什么？"

"把包裹埋起来。"

"包裹里是什么？"

"一封信，还有一百块银元。"

"告诉大爷了吗？"

"告诉了，他找人去了。"。

坑已经挖得很深了，武建华把身边的包裹提过来，要往坑里放。孙大兴接过来掂了掂，分量很重。他问小武说："这银元是干什么用的呢？"

"不知道。"武建华说，"我没敢拆信，也不知里边写的什么。先埋起来再说。"

两个孩子把包裹放到坑里埋好，又搬来了一块石头压在上面。武建华拍了拍手上的土，对大兴说："听大爷说，二鬼子没有抓到靳大叔。”

“知道。可是大婶给抓去了。”孙大兴很难过地说，“我得马上到王庄去报告。”

武建华说：“天黑了，你一个人不能去，我跟你一起去吧！”

“不，我一个人去，你在家等着大爷。”孙大兴说罢便向门口走去。门忽然开了，走进来的正是刘大爷。

“是大兴吗？”刘大爷问。

“是我。大爷。”孙大兴这时候见到刘大爷，心里格外热乎。

“你想上哪儿去？”刘大爷回手把门闩上，“走！咱们说个事。”他把大兴和小武拉到一处，然后说：

“放心吧，孩子。靳大叔找到了。”

“他在哪儿？”两个孩子迫不及待地问。

“瞧你们这个性急劲儿。他上了龙头山啦。”刘大爷接过刘大娘端来的一碗水，咕咚咕咚喝了下去。

“大婶呢？”孙大兴问。

“二鬼子把她押起来了，组织上正在想办法救她。”

“那包裹怎么办呢？”武建华问。

刘大爷郑重地说：“我这就说呀。就在今夜里，你和大兴一起把这个包裹带出圩子。带到龙头山后面去，靳大叔就在那里等着你们。”接着刘大爷又吩咐了许多话。

两个孩子又问：“这包裹里的银元是干什么用的？”

“我也不知道。”刘大爷说，“你们俩先去睡一会儿，夜里我喊你们。”

六

孙大兴和武建华躺在菜窖子里，一会儿想想这，一会儿想想那，怎么也睡不着。等到刚有点儿迷迷糊糊的时候，刘大爷来叫他们了。

孙大兴和武建华一骨碌爬起来，答应着走出了菜窖子。

“你们俩可以走了。”刘大爷说，“建华，你去把那个小包裹拿出来，我到外面看看去。”

武建华和孙大兴一起到后院把小包裹取了出来，刘大爷回来了，嘱咐两个孩子说：“圩门口有二鬼子，你们要翻圩墙出去。”

街道上很静，没有一个行人。天上星星闪烁，地上却是黑乎乎的。刘大爷送大兴和小武翻过了圩墙才回去。两个孩子顺着小路走了两里多路，来到龙头山的后山洼。孙大兴轻轻拍了两下手掌，就听得有人问道：“谁？”孙大兴一听，正是靳大叔的声音，连忙回答：“靳大叔，是我和小武。”

老靳从岩石后面转出来，一手拉着大兴，一手拉着小武，走进了一个山洞。山洞里点着一盏小油灯。地上铺着一层厚厚的干草。还有一块可以当桌子用的大石头。

“大叔，”孙大兴难过地说，“大婶让二鬼子抓去哩。”

“我知道了。现在不谈这个。”老靳摆了下手，声音仍然很平静。他从小武手里接过包裹问：“东西都没有丢吧？”

“没丢，全在里面。”武建华说。

孙大兴目不转睛地看着老靳打开包裹，问道：“大叔，这银元是干什么用的呀？”

老靳说：“这银元吗，是送到莱阳城里去买子弹的。”

“买子弹？”两个孩子直眨眼。

“唔，可是钱还送不进去哩！”老靳说，“咱们向莱阳城里的二鬼子买了四百发子弹，约定后天以前，一定给他们送钱去。过期不送到，这笔买卖就算吹了。没想到鬼子在城门口查得极严，先后派了两个人，都没混进城去。后来区里把我叫了去。”

“叫你去送钱？”孙大兴问。

“不是。”老靳说，“后来决定让通信员小周送去，让我护送他进城。”

武建华问：“小周去成了没有？”

老靳叹了口气说：“小周才取了钱回来，走到半路，就让田三斜子这一帮伪军跟上来。小周只好留在后面牵制着敌人。我就背着这包东西，直奔刘集。”

“小周现在在哪儿？”两个孩子关心地问。

老靳的声音很沉重地说：“可能牺牲了，也可能跑掉了。”

两个孩子相对沉默了一会儿，都想说些什么。孙大兴先开了口：

“那么这钱谁送去呢？”

老靳也正在考虑着这件事。他说：“最好我自己去。可是现在我已经暴露了，田仑手下的伪军到处在抓我。要是出了岔子，钱送不到，就误了大事。”

孙大兴看了看武建华，又看了看老靳，毅然决然地说：“让我去吧！”

“你去？”老靳直望着孙大兴的稚气的脸。

“我们俩一块儿去！”武建华也挺着胸脯说。

“这是一项非常重要，又非常艰巨的任务呀！”老靳的语气极其郑重。

孙大兴捏紧了拳头说：“大叔，这个我都知道。子弹很宝贵，咱们的战士只要有三发子弹，就能打一次漂亮仗，这四百发子弹，就能解决一次很大的战斗！我们保证完成任务！”

武建华忙接上去说：“大叔，把这个任务交给我们吧，我们一定想尽一切办法来完成它。”

老靳又沉吟起来，他想：“这两个孩子在斗争环境里受过一些锻炼，很机警，很勇敢，但是有的时候，还有点儿冒失。敌人不大注意孩子，这是个有利条件。现在任务急待完成，又找不出比他们更合适的人来……行！就让他们去吧！只是要他们多加小心，还可以派两个同志在城里城外暗地里保护他们。”老靳打定了主意，就说：“好，让你们去。可是你们得装成要饭的小叫化子，行不？”

一听说装成要饭的，孙大兴可来劲儿了。他说：“我跟我爸爸在莱阳城里要过两个多月的饭呢！城里的大街小巷，我都熟极了。”

“那就更好了！”老靳说，“可是千万得小心。要骗过守在城门口的鬼子岗哨，混进城去……”

老靳接着把行动的计划和联系的暗号仔细告诉了两个孩子。

早秋庄稼大多收割了。大地上黄一块白一块的，显得特别辽阔。

孙大兴穿着一件破夹袄，肩头露着肉，下面穿一条补丁叠补丁的裤子，裤腿一只长一只短。武建华穿件女人的破褂子，两个袖肘全烂了，五个扣子只剩下三个，拦腰扎了一条草绳，下面穿一条肥大的裤子，裤腿卷到了膝盖上。两人都一手拿着根剥了皮的树枝，一手提着个旧瓦罐。瓦罐里装着半罐子馊稀饭，上面泡着些烂馍馍，底下放着五十块沉甸甸的银元。

两个孩子在大路上走着。他们想着就要去完成的任务，心里都很激动。武建华前后看看，大路上没有旁人，就小声地问大兴：“你认得旗杆街吗？”

“当然认得，”孙大兴说，“那里有棵大槐树！”

武建华又问：“要是那个大娘不认得咱们，那不糟了吗？”

“决不会的。那位大娘一定是咱们的地下工作人员。只要把靳大叔教的暗语一说，准能联系上。地下工作者都是这么做的。”孙大兴接着把他听过的地下工作者的故事讲给小武听。两个孩子一边走，一边讲，又讲到子弹上去了。武建华说：“可惜咱们就是子弹少了些，要是多的话，早就把鬼子打跑了！”

“对呀！”孙大兴说，“要是子弹多，我爸爸还不会牺牲呢！我爸爸就是因为子弹打光了，敌人越来越多，最后只好拉响了手榴弹，跟敌人拼！”

两个孩子生长在部队里，他们懂得子弹对战士的作用。在战斗最激烈的时候，咱们有多少同志因为没有子弹，只好忍痛放弃阵地，甚至付出了生命。每个战士身边经常只有三发子弹，不到节骨眼儿上，他们是无论如何不肯射击的。他们珍惜子弹，像珍惜自己的鲜血一样，有时候宁愿和敌人拼刺刀，也要节省下一颗子弹来。子弹啊，战士们有了它，就好去消灭敌人，就能够争取到胜利。这四百发子弹，会给咱们带来不小的胜利呢！

太阳偏西的时候，孙大兴和武建华一前一后地来到莱阳城门口。这里果然查得很严。进城的人，鬼子都要搜遍全身，随身带的东西，也要逐件检查。他们俩走到站岗的鬼子跟前，孙大兴问鬼子说：“太君，你的检查？”

鬼子一看是两个肮脏的小叫化子，心里就不太在意，却还挺凶地吆喝道：“站住，你的拿的是什么？”

孙大兴和武建华把瓦罐递到鬼子跟前。鬼子伸头一瞧，里面是馊稀饭泡着烂馍馍，一股难闻的酸味直冲他的鼻子。鬼子赶紧缩回乌龟脖子，厌恶地挥着手说：“开路！开路！”

两个孩子点了点头，就这么顺利地进了莱阳城。孙大兴领着武建华来到旗杆街，武建华从西头，孙大兴从东头，挨门要起饭来。孙大兴顺着路北一家一家地数，数到大槐树下边，正好是第七家。有个四十多岁的大娘坐在门口捻线。孙大兴上前说：“大娘，给点儿饭吃吧！”捻线的大娘抬头看见跟前站着个小叫化子，手里拿着一根剥了皮的树枝，不禁愣了一下。

孙大兴又照着老靳交代的话喊：“大娘，给点儿高粱饼子吃吧！”

大娘停止了捻线，回答说：“高粱饼子？连高粱糊涂还没有呢！”

孙大兴一听，果然是那句话，忙接着说：“高粱糊涂也要，给两碗喝吧！”

大娘向四下里望了望，又问：“有点儿零活，你能做吗？”

孙大兴问：“什么活儿呀？”

“你上院子里来看看吧！”大娘站了起来。孙大兴向对面的小武点了下头，武建华也走了过来。大娘见小武手中也拿着根剥了皮的树枝，便问大兴：“这是谁？”孙大兴说：“是我兄弟。”

两个孩子跟着大娘走进了院子，院子里靠东墙根有一盘磨，旁边放着一盆豆腐渣，西边是锅屋，看样子，这家人是磨豆腐的。

“你们家在哪里？”大娘问。

孙大兴说：“八里庄。”

大娘脸上露出笑容，转身把大门扣上。她把大兴和小武打量了一番，问：“怎么派你们两个小鬼来呀？”

孙大兴说：“大人进不来，进来了也不好出去。就派咱们俩来了。”他把袖子撕破，从里面拿出一封信来，交给大娘。大娘看了信，对大兴和小武说：“我姓姜，你们叫我姜大婶吧！我先去弄点儿饭你们吃。吃过饭，你们就在院子里帮着磨豆腐。有人来别乱说话。晚上再商量怎么把东西带出去。”

孙大兴和武建华一一答应着，心里说不出地高兴。

第二天早上，孙大兴和武建华又出现在街头。武建华依旧装扮成要饭的。他左胳膊挎着一个篮子，篮子里放着一个黑碗和两块发了霉的剩馍，右手提着大半罐子稀饭，还是沉甸甸的。不过稀饭下面的银元，已经换成了用油纸包好的五十发子弹了。孙大兴改了装，穿着一身青衣裤褂，背着大半口袋花生，还提着一杆盘秤，成了卖花生的小贩。那个装花生的口袋也是沉甸甸的，因为袋底藏着一百发子弹。另外的二百五十发子弹，准备在下一次带出去。

武建华走在前面，孙大兴走在后面，两个相距一百来步远。在他们中间，走着一个穿长衫的教员模样的人。他是地下组织派来护送这两个孩子的王同志。快到城门口了，武建华放慢了脚步，等王同志走到跟前，便伸出手乞讨："先生，给个钱吧，先生，行行好，给个零钱吧……"王同志厌烦地说："没有钱，去，去！"武建华把眼一瞪，擤了把鼻涕，甩在王同志的大褂上。王同志装作大发脾气，伸手去抓小武，武建华扮了个鬼脸就往城外跑，引得在城门洞里站岗的鬼子哈哈大笑。直到武建华跑出很远了，鬼子还笑个不止。王同志无可奈何地掏出手绢来擦掉大褂上的鼻涕，一面暗暗地转过脸去看大兴。

孙大兴本想趁鬼子大笑的时候闯出城门，哪知刚走到城门洞里，鬼子伸出上了刺刀的枪，把他挡住了，指着他背上的口袋问："里面的什么？"

孙大兴只得站住了，沉住气回答："是花生。"

"嗯，花生的！我的看看。"鬼子叫道。

孙大兴只得把口袋放下，硬着头皮打开袋口。他的心不由得扑通扑通地跳起来。鬼子一见炒得焦黄的花生，伸手就要抓。孙大兴连忙抓了两把花生给鬼子，赔着笑说："太君，咪西（注：日语"吃"的意思），咪西！"鬼子把两个裤子口袋都装得鼓鼓的，却还不满足，自己动手又抓了两把向上衣口袋里装。孙大兴不由得心慌了，他怕鬼子抓到花生下面的子弹，连忙收拢袋口，说："太君，我的赔本大大的！"

"什么的赔本！"鬼子一把抓住袋口，用劲一拉。"当"的一声，袋底撞在地上。孙大兴大吃一惊，鬼子立即警觉起来，瞪着眼睛问："里面的是什么？"

"没有什么了！"孙大兴的脸色都变了。

"啊！坏了坏了的咯！"鬼子不由孙大兴分说，伸手朝口袋底扒去。

孙大兴急得心都要从胸膛里跳出来了。他前后一看，王同志右手插在衣襟下面，正大步向城门口走来，小武站在城外的一棵树底下望着他。鬼子撅着腚，大概已经摸到子弹了，正要往外抽手。在这间不容发的短暂时刻，孙大兴飞快地拿起铁秤砣，用尽气力，照着鬼子的后脑勺一击！"啪"的一声，那鬼子便栽倒在城门洞里。王同志急忙跑过来，用身子挡住了倒在地上的鬼子，提起口袋往大兴背上一搭，一摆头说："快走！"孙大兴背着口袋急忙出了城门，和小武会合，往大路上快步走去。

在城楼上瞭望的鬼子并不知道城门洞里发生了什么事。王同志见两个孩子走远了，把鬼子身上的两个子弹盒解下来往怀里一揣，便去追赶大兴和小武。

七

老靳和孙大兴不能在刘集公开出现了，两人就到了王庄。老靳回到区里工作，把大兴安插在一个老乡家里放牛。一转眼，又快两个月了。

这期间，三团打了几个胜仗，歼灭了很多敌人，缴获了不少武器，力量更加壮大了，根据地也更加巩固了。孙大兴听到了这些消息，心里非常快活，也更加盼望回到团里去了。

秋风一起，树上的黄叶沙沙地飘了一地。孙大兴牵着一头牛，来到小河边饮水，忽听头顶“嘎嘎”两声长鸣，抬头一看，原来是一群大雁，摆成“人”字形向南飞去。孙大兴想：“大雁都回南方了，我什么时候才能回到团里去呢？”在那粼粼的水面上，他仿佛看到了团长和政委的脸。一会儿，他又想起小武来。这个小战友，也快两个月没有见面了呢！现在不知怎样了。忽然一只手落到孙大兴的肩头上，孙大兴回头一看，原来是老靳和班长王玉成。

“哎呀，班长！你怎么来的？”孙大兴高兴得双手抱住了班长。

“来接你们哩！”班长笑着说。

“真的？”孙大兴几乎不敢相信了。

“真的。”班长说，“咱们三团回来了，要去消灭刘集的敌人。打下了刘集，你和小武还不回去吗？”

孙大兴眉飞色舞地说：“打刘集，太好了！”

原来自从刘集一连发生了几件大事：粮食被烧，炮楼被炸，再加上老靳那次一闹，鬼子认为必须在刘集安个据点，才能控制附近这一片地方。但是鬼子在县城里的兵力已经不多，派不出多少人来，派少了吧，又怕被八路军吃掉。鬼子小队长石岛最后出了个鬼主意，教田仑派一个排伪军驻在刘集北头的灵官庙里。每隔个七八天，开来一汽车鬼子兵，在刘集住上三两天再开走，以为这样就可以在刘集站住脚了。这么一来，刘集的汉奸伪军依仗着鬼子给他们壮胆，就更加胡作非为了。日本鬼子仗着汉奸队给他们当看门狗，也经常来奸淫掳掠，不但苦了刘集的群众，咱们地下组织和部队的活动也受到了影响。因此团长和政委决定要拔掉敌人楔下的这颗钉子。

班长把情况一讲，孙大兴更加高兴了。老靳说：“大兴，还有一件叫你高兴的事儿呢！"

"什么事？"孙大兴急忙问。

"叫你先上刘集去看看小武。"

"真的吗？"孙大兴跳了起来。

"当然真的。"班长王玉成说，"我和你一起上刘集去，把敌人的情况先摸摸清楚。今天晚上就去。"

在王庄和刘集之间，有条三丈多宽的青柳河。河这边是解放区，过了河就是鬼子占领的地方。对岸沿河新造了不少小岗楼，都是伪军守着。

孙大兴和班长来到河边，已经是二更多天了。前两天下了暴雨，河水涨得有两三人深，哗哗哗地流着。星星的影子在水面上不住地跳动。

王班长找了个距敌人的小岗楼比较远的地方，从小岗楼那里偶尔扫过来一道微弱的手电筒的光，也照不清什么。两个人都脱下了鞋和外面的衣服。王玉成用腰带把衣服捆在一起，又递了根带子给大兴，叫大兴拉着一头。他一只手托着衣服，一只手拉着大兴手中的带子，便游进了水中。孙大兴虽然会游水，但是班长的游水本领，却使他感到十分惊奇。

班长身子微微倾斜着，左右摇晃着，就像走在平地上一样，水只能没到他的胸前，还没有一点儿声响。河水冰凉冰凉的，孙大兴冷得不住地打战。但是他一想到过了河就可以见到小武了，心里就一阵热乎乎的。不多一会儿，他们过了河，悄悄地爬上了岸，叫冷风一吹，不由得都打起哆嗦来。班长打开衣服，两个人把身子擦干，穿上衣服，走过了一段开阔地，顺着小路直奔刘集。

一到晚上，刘集家家关门闭户，街道上见不到一点儿灯光。圩门口站着伪军的岗哨。孙大兴带着王玉成，翻过圩墙，挨着墙根来到刘大爷门前。

刘大爷家的门紧闭着，孙大兴推了一下没有推开，他不敢敲门，拉着王班长转到屋后，顺着墙根的一棵树爬了进去。孙大兴敲敲西屋的门，听见屋子里的刘大爷咳嗽了一声，就小声地喊："开门，刘大爷，我是大兴。"

"就来！"刘大爷答应了一声，屋里的灯亮了，门接着轻轻地拉开了。孙大兴和王班长侧身走了进去。

"你怎么来的？"刘大爷端起灯照着站在眼前的大兴，喜得笑眯眯的。他没等大兴回答，忙去推了推睡在床上的小武说："建华，快醒一醒，看谁来了？"武建华翻身起来，揉了揉眼睛，一看是大兴，立刻跳下床来，一把抱住了大兴。

两个孩子高兴得不知话从哪儿说起。过了好一晌，孙大兴才说："小武，你看，班长也来了！"

武建华这才看清楚，在灯光下站着的，可不正是班长王玉成。他走过去拉着班长的手说："呀，我是在做梦吧！"

班长笑了起来："你真能胡扯，怎么是梦呢！不信你试试看。"班长说着使劲儿握着小武的手。

"哎呀！"武建华叫了起来，他高兴得又喊又跳。

刘大爷说："别嚷！有话慢慢说！"他把灯吹灭了。屋里漆黑的，四个人都没有睡觉，一直谈到天明。

孙大兴和班长在刘集住了一天，把伪军的驻防情况和鬼子的活动规律全弄清了。第二天晚上，刘大爷又出去了解情况。班长王玉成和两个孩子躲在后院的菜窖子里等他。武建华想到孙大兴可能跟班长一起回部队了，便恳求说："班长，今天晚上我也跟你过河去。"

"不行。"班长说，"我来的时候，团长没交代这个任务。"

"没交代，也能过去嘛，"武建华说，"反正快要回部队了！"

“那不行，”班长说，“咱们干啥都得按命令办事。”

武建华不好再说什么。孙大兴知道小武的心事，便说：“小武，你别急，等打下了刘集，咱们俩一块儿回去。你这几天还上学吗？”

“上是上，”武建华说，“那个汉奸学校，念了也没用。”

“怎么没用呢？多认几个字也是好的呀！我才倒霉哩，上回跟你学的几个字，现在都快忘光了。”

武建华说：“那是因为你不经常练习。认字就靠常写常看。”

“怎么看啊！”孙大兴噘起嘴说：“我连本书都没有。”

“把我的给你就是了！”武建华站起身来，跑了出去，一会儿就拿着课本回来了，对大兴说，“你拿去吧！”

孙大兴问：“你上学就不用吗？”

武建华说：“我不马上就要回部队了吗，你拿着一样。我上学借别人的看看就行了。”

正说着，刘大爷回来了。他对王班长说：“你们可以走了。不过要特别注意，鬼子今天下来了，住在袁楼据点里。过青柳河的时候千万要小心。”

“知道了。”王班长站起来向大兴说：“咱们走吧！”

武建华把国语课本塞进了大兴的衣袋里，送班长和大兴翻过了后院的墙头。

孙大兴跟着班长王玉成出了刘集，顺着小路向青柳河走去。黑沉沉的田野里飘着薄雾。他们才走了一会儿，衣服就被打湿了，感到有点儿寒冷。小路两旁静悄悄的，没有什么动静。两个人顺利地走到青柳河边，在昨晚过河的那个地方，就脱起衣服和鞋子来。忽然背后一阵狗叫，射过来一道雪亮的手电筒光。

“不好，敌人来巡逻了！”王玉成不等大兴脱下衣服，拉着他就往河里走。可是这时候，河面上已经被几道手电筒光封锁住了，有人在岸上大声吆喝道："什么人？口令！"

班长闷声不响，拉着大兴急忙向对岸游去。敌人的一只大洋狗，"哧哼哧哼"地窜到河里来了。孙大兴向班长说："快松开我，你先过去！"

"别说话，快游！"王班长拉着大兴继续向前游。"砰！"敌人在岸上打了一枪。班长早有准备，身子立刻向水面下一沉。在他身后的孙大兴用力挣脱了班长的手，他的腿已经被那只洋狗咬住了。班长急忙从水里露出头来，刚喊了声"大兴！""砰！"岸上又射来一枪，他忙又潜到水里去。

孙大兴被狗咬住了腿，一时也没觉得疼，他只有一个念头：不能让班长被抓住。他回过身来，把洋狗的脑袋直往水里按，嘴里喊道："班长，快跑，别管我啦！"洋狗一挣扎就松了嘴。孙大兴刚想向对岸游，洋狗却又把他的腿咬住了。这时候，两个鬼子已经跳到了河里，把孙大兴抱住了。孙大兴回头一看，班长已经游到对岸了，岸上的鬼子还在朝河中心放枪。他才放宽了心，看敌人怎么摆布他。

鬼子和伪军把孙大兴带到袁楼据点，又是打又是哄，什么花招都用尽了，孙大兴却什么也没说。他们在孙大兴身上只搜到一本撕掉了封面的第六册国语课本。敌人一研究：附近只有刘集有个小学校。天一亮，鬼子小队长石岛亲自带领一队鬼子兵和田仓的一排伪军，押着大兴直奔刘集，把正在上课的小学包围了起来。

保长田瘸子听说鬼子小队长亲自押着个小八路来了，就急忙赶来，低头哈腰地站在鬼子长官的跟前。石岛瞪着那双小眼珠指着孙大兴问："保长，你的认得，他是这里的？"

保长向孙大兴看看，连忙赔笑说："不，不是，哦，是，是的。他就是上回没抓到的，靳木匠家的学徒。"

“啊！哈哈哈。”石岛得意地狂笑起来，那两只小眼睛骨碌骨碌地转着。他走过来狠毒地瞅着孙大兴，“靳木匠的咯！通通地坏了的！”

这石岛脸长得跟柿饼一样，平平塌塌的，眉毛又短又粗，嘴一张就露出两颗大板牙，说话的时候，活像个猫头鹰。所以群众都叫他“夜猫子”。他一下乡，群众就说：“夜猫子进村，不知谁家要遭灾！”

孙大兴看着石岛那副模样，肺都气炸了，真想抽出手来赏他两个耳刮子。可是他的手被牢牢地背绑着，一动也不能动。

“小八路！你的快快地说，你的过河干什么？”石岛尽量装得柔和地问。

孙大兴掉过脸去，不答理。

田仑拿过那本国语课本，递到孙大兴跟前：“这本书是谁给你的？”

孙大兴向书上瞧了一眼，心里叫了一声：“好险！”幸而这本书的封皮已经没有了，那上面有小武的名字。

石岛逼近孙大兴的脸，问：“这是谁的？”

孙大兴说：“这是我在沟里拾到的。”

“哼，推得倒怪干净！”田仑一咬牙，扬起鞭子，劈头盖脸地向孙大兴抽来。孙大兴脸上顿时冒出一条条的血痕。

石岛大吼道：“快说！”

孙大兴不开口，两道目光像两支利箭似的，愤怒地射向敌人。石岛两只夜猫子眼凶狠地转了几转，把手一挥，吼道：“把他吊起来！”两个鬼子把孙大兴吊在学校前面的大柳树上。孙大兴觉得两条胳膊像要折断一样，身上被狗咬的地方，还有那鞭打的和脚踢的伤口，全都疼得钻心，脑袋里轰轰的，好像就要昏过去了。有些老乡站在学校旁边，关切地望着大兴。孙大兴忽然看到刘大爷也夹在人群中间，他那灰白的胡须，在微微地颤抖，脸色严峻而焦灼。孙大兴努力振作精神，用坚定的眼光告诉刘大爷："你放心吧，鬼子从我嘴里是什么也不会得到的！"

孙大兴一扭过头来，视线落在一座屋子上。那不是靳大叔的木匠铺吗！两个月前，靳大婶被带走时的坚强的模样，又在他面前出现。他心里说："坚强的大婶啊，我一定像你一样！"

"小孩！"石岛仰起头来问，"你快说，刘集的八路的有！放火的，炸炮楼的，通通是你们的干活，说吧！说了你的放下。"他扬起那本国语课本，狡猾地笑笑："这个学校里的，八路的有？"

孙大兴向学校望了一眼，用力迸出一句："不知道！"

"小孩，撒谎的不行！"石岛举起课本："这是学校的，上面的名字的有。说，是谁的？"

孙大兴的回答还是这一句："我不知道！"

"嗯……"石岛露出两颗大板牙，像狗要咬人一样，"不说，死了死了的！"

孙大兴干脆闭起眼睛，什么话也不说。

"啊嘀！"石岛在地上转了个圈子，叫道："保长！"

保长连忙凑到跟前，低头哈腰地回答："在，在！"

石岛吩咐说："叫小学教员的出来！"

"是，是！"保长走进学校，把那个小学教员带了出来。

石岛走过去，一把抓住教员的衣领，直瞪着两眼吼道："你的坏了坏了的！"

"我，我是好人。"教员吓得直打哆嗦。

"你的学校的？"石岛把国语课本递到教员眼前。

教员急忙分辩："啊，这不是我的，是是……是学生的。"

"是哪个学生的？"

教员接过书来看了看，上面没有名字，摇摇头："不知道。"

“八格牙路！”石岛向教员脸上打了一巴掌，转过身来喊：“保长！”

保长应道：“在，在！”

石岛脸上暴出几条青筋，大声命令：“把学生通通地叫出来！”

“哦，是！是！”保长小心地弯着腰，一瘸一拐地跑进学校。不大一会儿，小学生都怯怯地走出来，站在校门口。

石岛问教员：“学生的通通来了？”

教员向学生大略点了一下数：“通通来了！”

石岛又问：“一个不少？”

教员不能马上回答，叫学生站好队，一个一个地数了起来。“一、二、三……”

孙大兴前后左右地看，找不到武建华，心里又是紧张，又觉得宽慰。

武建华哪里去了呢？原来当鬼子围上学校的时候，他在校门口瞧见鬼子小队长手里拿着他的课本，就猜到是怎么一回事了。保长来喊学生出去，他一个人悄悄留了下来，走到保长儿子田家林的座位跟前，打开抽屉，把国语课本拿了出来，撕掉了封面，很快地写上自己的名字，放进自己的书包里。

当教员数到五十八、五十九……六十二的时候，武建华已经走出来站在排尾了。教员数清楚了，转过身来向石岛说：“六十六个，一个不少。”

石岛对教员说：“你的叫三年级的学生通通把书拿出来，我的检查。”

教员向学生们说：“三年级的学生，把各人的书拿出来。”

二十多个学生慌乱地走进学校，拿着书出来。教员叫他们另外站成一队。

石岛晃了晃手里的那本国语课本，吩咐伪中队长田三斜子说：

“我要通通地检查，看看哪个没有这本书的，通八路的嘎！”

田三斜子斜着眼，向学生们发出命令：“把书捧在胸前！”

学生们把书捧在胸前，鬼子兵开始检查了。

武建华一出来，孙大兴就吓得差点儿喊出一声：“糟了。”现在鬼子果然要检查书，小武没有书，不就要暴露了吗。他偷眼看看小武，小武的脸色却一点儿也不惊慌，难道小武想出了什么骗过敌人的点子……

一个、两个、三个……鬼子兵检查到武建华了。武建华若无其事，眼皮也不动一下。鬼子兵一本一本地翻着：算术课本、国语课本……一本也不少。鬼子兵便开始检查下一个去了。孙大兴松了一口气，感到很诧异。

鬼子兵检查到保长的儿子田家林，田家林还满不在乎。鬼子兵把他手里的课本翻了一遍又一遍，忽然一把抓住他的前胸：“啊，你的坏了坏了的！”他转脸去用日语叽里咕噜地报告了石岛。

保长田瘸子一见儿子被抓住，大惊失色，又不知是怎么回事。

石岛大步走到田家林跟前，吼道：“小八路的是！”

田家林快吓哭了，结结巴巴地说：“不，不，不是，我是田……是……我爸爸是保长！”

“八格牙路！撒谎的嘎！”石岛一巴掌打去，田家林的脸上顿时起了五个红手指印。田家林嚎哭起来，直喊：“爸爸，爸爸！……”

保长战战兢兢地跑到石岛跟前，躬身哈腰地说：“太君，太君！”指指田家林，又指指自己，强笑着说：“他的，我的磕头猫（注：日语，指小孩）……”

“什么磕头猫！他的坏了坏了的嘎！”石岛固执地摇着头。

田保长转过脸来问田仑：“老三，这是怎么的？”

田仑走过来问：“家林，你的国语书呢？”

田家林哭哭啼啼地说：“三叔，我不知道，早上还在呢！这会儿不知怎么没有了！”

田仓拿出从孙大兴身上搜出的书问他：“这是你的吗？”

田家林看了看，摇着头说：“不是的。”

“真他妈的怪了！”田仓转过身来向石岛说：“他是我的侄子，保长的儿子，坏了的不是！”

“唔……”石岛不大相信地摇着头，“你的侄子的嘎！”又把脸转过来，指着田家林问孙大兴：“这本书他给你的？”

孙大兴已经明白是怎么回事了，他仍旧什么也没说。

石岛叫鬼子兵把孙大兴放下，松开绳索。孙大兴站不住，跌坐在地上。石岛以为孙大兴已经被折磨得差不多了，把书送到孙大兴面前问：“小孩，这本书哪里来的？”

孙大兴眨了眨眼睛，还是那句话：“是在沟里拾到的。”

田瘸子就怕孙大兴咬上田家林，听孙大兴这么说，他就放下了心，凑上前向石岛说：“太君，我担保，我的孩子是大大好的！”

“你的不要说话！”石岛把田保长推开，又问孙大兴：“小孩，你的小八路的是。刘集的八路的还有，放火的，炸炮楼的，不是你一个人！说实话，没关系，皇军良心大大的好，说了放了你的！”

孙大兴用手支着地，吃力地站起来，提高了声音说：“我什么也不知道！”他的声音很高，站在学校周围的人全能听到。

石岛装出一副笑脸：“小孩，说实话，说出一个八路来，一百块金票的给，说出两个八路来，两百块金票的给！大八路，小八路，说出来通通给金票！”说着从裤子口袋里掏出厚厚一叠日本钞票，在孙大兴眼前摇晃。

孙大兴把脸偏向一旁：“不知道，叫我说什么呢？”

石岛顿时变得满脸杀气，狠狠地拧着孙大兴的耳朵，喝道：“说不说？”

孙大兴咬紧牙关，不回答。

“八格牙路！”石岛把孙大兴推倒在地上，回身抽出了腰里的洋刀，朝着孙大兴的头顶猛砍过来！

“呀！”武建华吓得差点儿喊出声来，连汗毛都竖起来了。

孙大兴眼一闭，觉得头顶嗖地吹过一股冷风。

“说！”

孙大兴以为自己死了呢，却听得耳边响起了刺耳的吼叫。他睁开眼一看，石岛的洋刀砍在自己身后那棵大柳树树干上，砍进去有半寸深。

“说！”石岛怪叫着。

孙大兴抱定决心：死也要死得英雄！他挣扎着站了起来，高声回答：“我什么也不知道！”

“八格牙路！”石岛一脚把孙大兴踢倒在地上，“带走！”鬼子把孙大兴架起，连拖带拉地向灵官庙走去。

瞧着走远去的鬼子，老乡们恨得都小声地咒骂着，吐着唾沫。武建华背着人，涌出了两行热泪，仿佛大兴身上的伤口都移到了他的身上，刺心地疼起来。

八

鬼子把孙大兴押回到灵官庙，又审问了半天，还是弄不到口供。石岛派伪军在刘集搜查了一通，也没查出什么可疑的人来。这天晚上，鬼子和田仑带着一排伪军都没有走，就住在灵官庙里。

武建华回到家里，刘大爷、刘大娘都不让他再往外跑，可是他怎么也安不下心来。他悄悄地溜出去，跑到灵官庙周围转了好几圈，想把孙大兴救出来。灵官庙前后门都有伪军站岗，他不敢走近，来回走了几次，忽然发现在庙的西北角有一个小狗洞，看样子可以爬进去。可是进去了又怎么办呢？武建华坐在一个土墩上面，想来想去，只有去通知靳大叔。他连忙跑回家，要求刘大爷让他到王庄去送信。刘大爷说，信早送去了，还安慰他说：靳大叔接到信，会通知咱们部队提前行动的。武建华心里这才觉得舒坦了些。

天黑了，武建华不肯睡，孙大兴的影子老在他的脑子里盘旋。忽然外面有人打门，刘大爷走了出去，不一会儿领着个伪军官进来了。武建华吓了一跳，不觉攥紧了拳头。这个伪军官拿下帽子向桌上一丢，武建华才看出是老靳，他高兴地迎上去说："靳大叔，你怎么……"老靳做了个手势叫小武别声张，坐下来向小武说："我不这样打扮，就混不进圩子来了。"

"有办法把大兴救出来吗？"武建华急切地问。

老靳接过刘大爷端来的水，呷了一口说："当然有办法，我就是为这个事来的。"

"什么办法，可以告诉我吗？"武建华高兴得跳起来说。

老靳说："可以，可是首先要侦察一下，大兴和你大婶押在灵官庙的什么地方。"

武建华急忙说："让我去吧，我能进去！"

老靳不大相信地说："你怎么进去？"

武建华用手比画着说："灵官庙的西北角有个狗洞，我能爬进去。"

老靳"唔"了一声，搔着后脑勺考虑了一会儿，说道："那个洞的确能钻得进人吗？"

"能！"

"那么我去吧。要是碰巧了，也许能把他们救出来。"

武建华说："不行，洞很小，你爬不进去。"

"噢！"老靳又考虑了一会儿，说："这样吧，我掩护你，你爬进去，一定要搞清他们被关押在什么地方。咱部队今天夜里就来，必须在部队来到之前摸清情况，否则就可能误伤了他们！”

“部队今天夜里就来打灵官庙吗？”武建华没想到部队来得这么快，惊喜地问道。

“对，”老靳点点头，站起来说，“我们立即准备出发。要弄一些引火的东西带上，如果得了手，就放火接应部队。”

一弯残月挂在灵官庙的房檐上，静静地照着绑在大殿后面柏树上的孙大兴。夜越深，天越冷，孙大兴冻得缩着身子。一个持枪的伪军在旁边看着他。

孙大兴一天一夜没吃东西了，口渴得厉害。他对伪军说：“给我点儿水喝吧！”

“给你点儿尿喝！”那个伪军没好气地说。他又冷又困，正在来回踱着步取暖。

“你也是中国人哪！”

“中国人怎么样？你少说话！”

孙大兴试探着问：“把我放了吧！”

“怎么着？放了！”伪军停下脚步，冷笑一声，“放了你，谁放我呀？”

孙大兴说：“跟我一块儿跑！”

伪军说：“我跑哪儿去？当八路去？”

孙大兴说：“反正得当个中国人。”

伪军不说话了。

孙大兴又说：“中国人干吗要替鬼子干事呢？祖祖辈辈都得挨骂……”

伪军烦躁地说：“你少宣传！等会儿我把你的话全告诉日本人！”

孙大兴伸出舌头，舔了舔干瘪的嘴唇，他想："班长一定已经回去把情况汇报了！团长这会儿已经知道我被捕了吧！咱们的部队什么时候来到刘集呢？……"他想着想着，不觉打起盹儿来。

伪军冻得直打战，他走到墙根一个草堆跟前，一歪身躺在草堆上。他原来只想暖和一会儿，一躺下来却身不由己，就呼呼地睡着了。

这时候，武建华悄悄地拐过了大殿的墙角。他向黑暗里仔细观察了一会儿，又侧着耳朵听了一会儿。在朦胧的月光下，他看到大柏树下面绑着一个人。他轻轻地走前几步，仔细一看，啊，正是大兴！回头一看，草堆上睡着个伪军。武建华想："真巧，先把大兴救了出去再说。"

孙大兴迷迷糊糊地靠在树干上，忽然觉得被谁推了一下，正想问，嘴被人捂住了。

"是我！"武建华凑到大兴耳朵边，小声地说。他敏捷地拿出一把小刀，割断了孙大兴身上的绳子，把大兴轻轻地扶了起来。

"快跑！"武建华轻轻喊了一声，拉着大兴往北面走。忽听到前面有脚步声，两个孩子急忙往边上一闪。孙大兴一看身边是一垛矮墙，可以爬上屋顶，忙拉着小武说："咱们上房！"

武建华往下一蹲："来，踩着我肩膀上去，快！"

孙大兴爬上墙头，武建华跟着也爬了上去。忽然一道手电筒光照射过来，两个人急忙伏在屋脊后面。

来的是换岗的伪军，他揉着睡眼，打着手电筒，嘴里喊："喂，陈四疤，该换岗啦！"他把手电筒向大柏树下面一照，啊呀，人没有了，地上只剩下一截一截的绳子，那个陈四疤却躺在草堆上呼呼地睡觉。他急忙跑过去，一脚把陈四疤踢醒：

"你还睡哪，人跑了！"

"啊！跑了？跑哪儿去了？"陈四疤着急地跳了起来。

“问你自己啊！”换岗的伪军掏出哨子“嘟嘟”地吹了起来。

孙大兴和武建华在房顶上听得院子里乱开了。伪中队长田仑匆匆跑出屋子，拼命喊道：“守住庙门，赶快搜查！”霎时间手电筒光乱照，日军和伪军在到处找人。武建华说：“坏了，下不去了！”孙大兴问：“你带了什么武器了吗？”武建华说：“靳大叔给了我两颗手榴弹。”孙大兴说：“给我一颗，鬼子上来，就跟他们拼！”武建华给了大兴一颗手榴弹，一边说：“别乱打，部队可能已经到了，我来放火，把庙外的敌人引进来。部队一往里打，敌人就要乱笼了。”

“部队来了吗？”孙大兴十分兴奋，“你带放火的东西来了吗？”

武建华点点头说：“我带了一团油纸。你身上有伤，就先躲在这里。我来放火！”

下面的鬼子和伪军抓不着人，乱得更厉害了，满院子乱吆唤。武建华擦根火柴点着了油纸，向下面的草堆一丢，草堆立刻烧起来了，才一会儿，火苗就蹿上了屋顶。敌人一看起火了，有的喊救火，有的喊抓人，更是忙成了一团。正在这时候，庙外枪声大作。武建华爬到孙大兴跟前说：“咱部队来了！”火光里，映出了两个孩子的激动得发红的脸。

听见外边枪响，庙里的日军、伪军就向外冲，庙外的伪军正往里跑，彼此撞个正着，把庙门都堵住了。有的伪军慌忙地喊着：“我们被八路包围了。”敌人乱得像一群没头的苍蝇。伪中队长田仑大声喊：“跟我来，往外冲！”伪军又一窝蜂地跟着他向前面拥去。

石岛强作镇定，他让田仑带着伪军先出去顶头阵，自己带领鬼子兵也跟着冲出去。可是庙门已经被八路军用猛烈的火力封锁了，手榴弹“轰轰轰”地在伪军的人堆里炸开了花。伪军也不管田仑的命令了，抢着往庙里撤退。把后面石岛带的鬼子队也冲乱了。

孙大兴看见这种情景，耐不住了，向武建华说："咱们也下去吧！"

武建华说："等一会儿，咱们部队还没有打进来呢，现在下去太危险。"

两个孩子正在商议，忽听得院子里发出一种像夜猫子一样的尖利的嚎叫声。"是石岛！"孙大兴对他的声音分外敏感。他爬到房檐边上，仔细一看，鬼子和伪军全被我们打乱了。伪军夹在中间，东藏西躲。石岛带领着十几个鬼子退到这里来了。石岛命令鬼子在一堵断墙后面架起了一挺机枪，机枪立即疯狂地向外喷射着火舌。武建华爬到孙大兴身边。两个人把手榴弹都抽了出来，听到八路军已经冲进庙门了，孙大兴说了声"打！"两颗手榴弹一齐向鬼子的机枪扔过去。"轰！轰！"两声，鬼子的机枪就变成了哑巴。八路军一声呐喊："冲呀！"大队很快冲了进来。田三斜子领着几个伪军还想顽抗，都被刺刀捅死了，其余的赶紧举枪投降。

石岛一看自己的部队全部被消灭了，转身就向后跑，孙大兴哪儿肯放过这只夜猫子，他看石岛刚跑到屋檐下，就从上面往下一跳，正好压在石岛的身上。石岛趴在地下，一个翻身，把孙大兴掀倒，抽出军刀向孙大兴砍去。只听得"当啷"一声，刀飞到一边去了。原来是班长王玉成赶到，飞起一脚，踢中了石岛的手腕。

"举起手来！"王玉成用枪指着石岛。

石岛从地上爬起来，垂着两手，还气势汹汹地看着王玉成。王玉成把刺刀抵住石岛的胸膛，又大喝一声："举起手来！"石岛立刻顺从地把两手举过了头顶。

孙大兴见石岛这副怕死的样子，哈哈地大笑起来。他跳到石岛的面前说："喂，小鬼子，你看我这个小八路！"

石岛一看是孙大兴，气得肚子一鼓一鼓的，一句话也说不出来。武建华也从屋顶上下来了。他也跑到石岛的面前，和大兴站在一起说："喂，这里还有一个小八路呢！"

靳大婶也从小屋里放出来了，正和老靳说着话。孙大兴奔过去，一家子又欢聚了，都十分高兴。

战士们把孙大兴、武建华围起来，亲热地搂抱他们，把他们俩抬了起来，举得高高的。

"大兴！小武！"

正是团长的声音。两个孩子连忙从人群中钻出来，寻找喊他们的人。

"大兴！小武！"

孙大兴和武建华看清了，站在他们面前的不正是他们日夜盼望的团长和政委吗！他们俩很想一下子扑倒在团长和政委的怀里，可是他们到底是战士啊，终于挺直身子站着，大声说道："报告团长，咱们胜利了！"

"好啊！"团长赞许地向他们俩还了个礼，回头向站在他身旁的老靳说："老靳，你把他们锻炼得真不错啊！"团长发现大兴虽然精神焕发，身体并不好，黄里透青的脸色衬着一双微微窝进去的大黑眼睛，一身衣裳被撕打得破破烂烂，露出有一道道伤痕的肌肉。团长看着心里隐隐作痛，又感到非常欣慰。他把大兴紧紧搂到跟前来，叮咛说："等会儿宋军医来了，让他给你好好检查一下。你要安心地治疗休养，好早日恢复健康。"

孙大兴兴奋地笑了笑说："也没什么，锻炼锻炼嘛！"引得大家全笑了起来。

忽听得庙门口有谁在喊："团长啊！政委啊！可把你们盼来了！"

大家回头一望，原来是刘大爷。

"哎呀，刘大爷呀！"团长和政委热情地向刘大爷招呼，过去和他热烈地握手。团长说："刘大爷，让你受累了！"

"嗨！"刘大爷摆了下手，"团长，政委，我对不起你们哪！叫孩子们吃苦了。"

"没有的事。"团长转过脸看着两个孩子说，"革命的后代，不是在温室里长大的。经受点儿风险，也是个很好的锻炼。你们说对吗？"

孙大兴和武建华互相望着，会心地笑了。

刘大爷说："好了，有话慢慢说。现在你们全到我家去，我老伴给你们备下了顿便饭。"

政委含笑拉住刘大爷的手，抱歉地说："不啦，刘大爷，在九点钟之前，我们就要离开这儿呢！"

刘大爷点点头说："唔，军令在身，那就不能耽误你们了，那么……这两个孩子呢？"

团长说："大爷别舍不得，我们要把这两个孩子带走了。"

刘大爷不信地问："真要带走？"

"嗯。"团长点点头。

武建华非常希望回团，可是现在一听说要走了，又看到刘大爷那依依不舍的样子，心里也难过起来。他拉着刘大爷的手叫道："爷爷！有机会，我们一定回来看你。"

刘大爷点点头，看着小武和大兴，对团长和政委说："小鸟的翅膀硬了，该飞出去了。"

政委说："翅膀还不能算硬哩，天要晴了，小鸟就要出窝了。"

团长接着说："是呀！如今局势好转了，鬼子被咱们打得像乌龟一样，把头缩在龟壳里，不大敢出来耍威风了。这些小鬼可以跟在部队上了。"

"嗯，嗯！"刘大爷表示赞同地说："他们还是跟部队好，可以进步得更快些！建华，你回去收拾一下吧，也跟你姥姥说一声。大兴，你和大叔大婶，都上我家去。你二奶奶为你们做了顿饭，你们吃了再走也不迟。”

团长见大兴看着他，就说：“去吧！等会儿我叫王班长接你们去。”

刘大爷和老靳夫妇向团长、政委告辞，领着小武和大兴，高高兴兴地走了。

政委看着大兴和小武的后影，向团长说：“这些孩子都是吃人民的奶长大的。”

团长说：“愿他们永远忠于人民的革命事业。”

团长和政委快步向前院走来，队伍正在那里集合听令。

朝阳从地平线升起，晶莹的露珠迎着阳光闪耀。傲霜的野菊花开满了山间，巍峨的大泽山显得格外峻拔瑰丽。八路军的队伍军容整肃，浩浩荡荡向前行进。队伍中间并排走着两个小战士——孙大兴和武建华。他们俩仰望着大泽山，默默地立下了誓言：为了祖国和人民的解放事业，一定更坚强地参加未来的斗争，迎接更严酷的考验。

第二部

一

战斗，残酷的紧张的战斗呵！

面对凶恶的日本强盗，咱们的人一时一刻也没放松战斗。咱们在战斗中成长，咱们从战斗中一步步走向胜利。

一九四三年的秋天，日本强盗在中国的土地上到处挨打，已经陷入了绝境，没法再像过去那样进行大规模“扫荡”了。只是偶尔凑几百个鬼子和伪军，在铁路或公路线上跑跑，天一黑，又赶快回到据点里去。八路军因此改变了打击敌人的方法，一有机会就去捣毁敌人的据点，连人带枪一齐端。

刘集的西门外有一条公路。顺着公路向南走七八里，有一个村子叫双庙，是个交通要道，是南北和东西的两条公路的交叉点。日本鬼子在离双庙一百多米的地方，安了个大据点。据点有东西两个碉堡，周围筑着圩墙，墙外还有一道壕沟，沟里密密地插着削得尖棱棱的竹签，东西两个门都有吊桥。一到晚上，鬼子就把吊桥拉起来。盘踞在这里的日本鬼子和伪军常常出来奸淫抢掠，无恶不作。这一带的老百姓不知受了多少苦难，天天盼望八路军来挖掉这颗毒瘤。

离中秋节还有半个月，据点里的伪军小队长牛金汉带着一班伪军到刘集来了。伪保长田瘸子已被八路军枪毙了。前街上的刘庆余表面上当了伪保长，实际上却替八路军办事。牛金汉来到了刘庆余家里，对他说："八月节快到了，皇军和我们弟兄要过节，你们得给据点送些东西去慰劳慰劳。"

刘庆余说："送什么？"

牛金汉说："五头猪，二十只鸡，一百斤酒，一百斤月饼，十条老刀烟。"

刘庆余一听，心头怒火直往上冲，脸上装出十分为难的表情说："小队长，我们这个地方你是知道的，榨不出这么多油水来呀！家家都是吃了上顿没下顿的，肚子都混不饱，哪还有力量送这么多的礼！"

牛金汉说："要不送礼也行。"

刘庆余问："怎么办呢？"

牛金汉脸上露出了下流的笑容："保长，你给想办法送十个花姑娘去也行。"

"禽兽！还亏他是个中国人。"刘庆余心里骂着，嘴里却说："送花姑娘，这事不好办呀！谁家的不是姐和妹，牛队长，这话能跟乡亲们说出口吗？"

牛金汉脸一板，说："刘保长，你别跟我推，我是传达日本人的命令，办不办在你。日本人说，两样一定得办一样，八月十三送到，到时不送来，先办你保长的罪，再放火把刘集烧了，大人小孩统统枪毙！话说到这里，你瞧着办吧！"

牛金汉说罢，也不等刘庆余答话，带着伪军气冲冲地走了。

刘庆余把这事给群众一说，群众都火了。有的说："我们自己连饭都吃不上，他们还来逼命。妈的，连根草毛也不给他。鬼子要来，咱们跟他拼！”也有的说：“硬拼也不是个办法，拼上十个刘集，还是咱们自己吃亏，不如把这个事报告独立团，让赵团长给我们出个主意。”大家都说这个办法好。

晚上，刘庆余上王庄找到了赵团长，把这个事情说了。团长搓着手说：“唔，是时候了。一定要把这个据点拔掉！”他想了一下，问：“你知道敌人据点里有多少人吗？”

刘庆余说：“不一定，有时多，有时少。”

团长又问：“他们的武器装备，你了解吗？”

刘庆余说：“光知道他们有重机枪、轻机枪、掷弹筒，可是究竟有多少，却不清楚。”

团长摇了摇头，又问：“据点里的工事情况，你清楚吗？”

刘庆余说：“这个据点，鬼子从来不让人进去。老乡给他们送东西，只准送到据点门口的小屋里。里面的情况，外边人都不知道。”

“对敌人的具体情况不了解，这个仗不好打呀！”团长背着手在屋子里踱了两步，又回过头来问刘庆余：“你们能通过伪军，从他们那里搞到情况吗？”

“不行。”刘庆余说，“驻在据点里的是从华北调来的‘治安军’，没有本地人，拉不上关系。”

“嗯。”团长沉思起来，“好吧，我们先派人去侦察一下，再作决定吧！”

团里连续派出了三个侦察员，他们回来报告的情况，和刘庆余讲的差不多。这个据点隔个三天两日，就开来几辆汽车，有时候装了些鬼子走，有时候装了些鬼子来，有时候还把伪军扮成鬼子，弄得外边人闹不清里面究竟有多少日本鬼子，多少伪军。据点附近，过去有个卖烟卷零食的小摊，后来也被鬼子撵走了。想混进去，根本不可能。

晚上，蟋蟀嚯嚯地叫着，一弯新月挂在天空里。赵团长在场院里踱来踱去。他算了算日子，已经是八月初五，离中秋只有十天了。要是不能设法拔掉双庙的鬼子的据点，这一带的老百姓又要蒙受多大的灾难啊！……

赵团长陷入了沉思，忽听见有人喊："团长，回去洗脚吧！"团长回过头来，看见是大兴，就点了点头，又继续沉思起来。

孙大兴退到一旁，他知道团长这几天都在考虑如何消灭双庙据点的日本鬼子。一想起这个据点里的日本鬼子，孙大兴就恨得牙痒痒的。被日本鬼子毁坏的村子，他见得多了。房子全被烧光了，只剩下一片瓦砾。到处躺着尸体，老人的、妇女的、孩子的……看到了这些情景，孙大兴恨不得马上抓住敌人，咬敌人几口。如今刘集又要遭到这群豺狼的蹂躏了，孙大兴的眼前仿佛出现了燃烧着的火焰，耳朵里好像听到了群众号哭的声音……

"大兴！"团长走到孙大兴跟前，轻轻地叫了一声。

孙大兴猛然抬起头来，看见团长正凝神瞧着他。他并拢双脚，响亮地问道："团长，有什么任务吗？"

团长说；"咱们到屋里去谈吧！"

到了屋里，团长叫大兴坐下来，然后说："我派你明天去了解双庙据点的情况。不过，不能这样去，要化化妆，扮成一个小贩。怎么样，有信心完成任务吗？"

"报告团长，我一定尽力完成任务！"孙大兴一听说，就来了精神。

团长说："你是孩子，可能不会引起鬼子注意。可是也不能有轻敌的思想！双庙的鬼子狡猾得很，也凶恶得很。一定要胆大心细。"

孙大兴一边听，一边点着头。

“现在你去叫侦察参谋来，”团长说，“我们研究一下行动计划。”

第二天傍晌的时候，孙大兴挑着一副担子来到双庙。他戴着一顶旧草帽，耷拉着的帽檐下面闪着一双机灵的眼睛，上身穿着一件条子布小褂，下身穿着一条青裤子，裤脚管用细带子扎上。他挑着挑子，一摇一摆，活像个串市集的小贩子。担子的一头挑着个篮子，里面放着梨、苹果和葡萄；另一头挑了个小木箱子。箱子盖上摆着烟卷、糖和煮熟了的鸡蛋。头一天，他把挑子放在公路口上，没到据点门口去卖。据点门口站岗的伪军看得见他的挑子，他也能望见据点的大门。

因为好长时间没有小贩到这里来卖东西了，挑子放下不久，就招来了一些买东西的人。孙大兴一边卖着东西，一边瞅着据点打主意，只想把伪军引出来。他知道伪军都喜欢吃白食，就放开嗓子吆喝起来：“苹果咧！莱阳梨哟！还有甜葡萄！”这一吆喝可真奏效，不大一会儿，从据点里走出一个伪军来了。这家伙歪戴帽子，斜楞眼，来到挑子前，拿起一串葡萄问孙大兴：

“小孩，这葡萄是酸的、甜的？”

孙大兴明知这家伙装蒜，便说：“甜的！大泽山的葡萄哪有酸的！”

伪军“嗯”了一声，摘着葡萄就往嘴里填，吃了一颗又一颗。孙大兴也不阻止他，心里直盘算怎么和这家伙拉扯上。伪军把一串葡萄吃得还剩六七颗了，就往篮子里一扔，说：“嗨！酸得我合不上牙，还甜的呢！”说完转脸就走了。

孙大兴连忙叫道：“哎，老总！你怎么光吃不买啊？”

伪军连头也不回，说：“不好吃就不买呗。”

孙大兴看着吐得满地的葡萄皮，心里想："狗东西，先给你点儿甜头尝尝。"

到了傍晚，这个斜楞眼伪军带了一个同伙又从据点里出来了。他一边走一边说："奶奶的，肚子饿得咕咕叫，还不开饭！"说着来到孙大兴的挑子旁。他向挑子上瞅了瞅，一个小盆里放着几个熟鸡蛋，便拿起两个在手里掂量了一下，问："多少钱一个？"

孙大兴说："手票（注：当时用的日本钞票）五分一个。"

"好，吃两个垫垫肚子。"斜楞眼伪军又拿了两个鸡蛋递给他的同伙，两个人就剥开蛋壳吃起来。

孙大兴瞧着两个伪军的馋相，心想："这一回你不能说'酸'了吧！哼，不怕你这两条臭鱼不上钩！"

两个伪军吃完了鸡蛋，那个斜楞眼向孙大兴说："明天给你钱。"他擦擦手就想走。

孙大兴赔着笑央求说："老总！我这小本生意，赊不起账呀！"

斜楞眼眼皮一翻："妈的，几个鸡蛋还赊不起吗？记上账，明天就给你。"

孙大兴装出很不愿意的样子说："我还不知道你们俩叫什么？我怎么记账！"

"我叫宋茂才。"斜楞眼说，"他叫张发义，是三班班长。"

孙大兴从烟盒上扯下一片纸，央求说："请你给我写上，免得忘记。"

"真他妈的啰嗦。几个熊鸡蛋还值得记账！"宋茂才向张发义一眨眼睛，两个人大摇大摆地向据点走去了。孙大兴转身就把他们的名字记了下来。

就这样，孙大兴慢慢地和一些伪军混熟了。伪军看这孩子好对付，都半软半硬地向他赊账，才四五天，孙大兴的小账本上就记下了十几个名字，哪个人在哪个班，他都问得清清楚楚，记在名字下面。根据这些情况，已经可以初步搞清楚这个据点里伪军的人数和编制了。

第六天，正凑上伪军发饷。孙大兴的担子刚放下不久，就围上了不少伪军。这些家伙正吃得高兴，忽然有一个说："日本人来了！"伪军们向后一看，都一哄而散。孙大兴看见两个戴尖顶帽子的鬼子，一个戴着眼镜，一个挂着洋刀，向这里走来了，不由得心咚咚地跳起来。两个鬼子走到挑子跟前，那个挂洋刀的瞪着两只小眼睛，对孙大兴身上打量了一会儿，把牙一龇，问道："小孩，什么的干活？"

"买卖小小的。"孙大兴脸上很沉着。

"唔……"鬼子又对孙大兴脸上看了好一会，突然举起手来，"啪！啪！"打了孙大兴两巴掌，嘴里骂道："良心坏了坏了的！"

孙大兴双手捂着脸，忍着满肚子怒气说："做买卖的，良心坏了的没有。"

两个鬼子把挑子上的东西翻了一阵，又抬起腿来，一脚把篮子踢翻了。梨和苹果滚了一地。鬼子挥手嚷道："开路！开路！。"

孙大兴蹲下来拾地上的梨和苹果。他想："坏了，不让在这里摆摊子了，怎么办呢？情况还没有完全弄清楚……"他偷眼看了一下，鬼子的马靴还在身旁，只好决定回去向团长汇报了再说。

孙大兴把梨和苹果拾到了篮子里，挑起正要走，挂洋刀的鬼子向戴眼镜的鬼子噘了噘嘴，那个鬼子立即揪住孙大兴，把装梨和苹果的篮子夺了下来。两个鬼子转身就向据点走去，一路上哈哈狂笑。

"孬种！二鬼子会讹，你们还会抢！"孙大兴望着那两个鬼子的后影，暗暗骂道，"狗东西，非抄了你们的鳖窝不可！"

晚上，孙大兴回到团部，把情况向团长作了汇报。团长说："今天已经是八月初十了，再有两天，如果不能进一步搞清楚据点里的火力和工事，这个仗就不大好打……”他一边说一边沉吟起来。

孙大兴见团长蹙着眉，也不安地想：“从刘集回来快一年了，团长头一次交给自己这么一个重要任务，要是完不成，多窝囊！”他又把据点的情况考虑了一下，觉得自己和许多伪军已经拉上了关系，今天碰到的两个鬼子，看样子不过吓唬人，并没有对自己产生怀疑。想到这里，他便向团长说：“明天我再去一趟试试。”

团长看着他，没有立刻回答。

孙大兴说：“我和那些伪军都混熟了，碰见日本鬼子，也能想法对付过去。”

团长接上去说：“对！你已经有了这样一些有利的条件。可是你准备怎么去了解据点里面的工事情况呢？通过伪军的嘴巴，是弄不到这方面的确切情报的。”

“我就混到据点里面去！”孙大兴说。

团长赞许地看着大兴，点着头说：“能混进去固然好，可是很不容易。进去以后，危险也很大。”

站在一旁的魏参谋建议说：“进去的困难既然比较大。不如设法捉两个‘舌头’来吧。”

团长说：“现在不能这样干。我们抓了伪军，必然打草惊蛇，引起敌人的警惕，下一步就更不好办了。魏参谋，我看这么办，明天还让大兴去试试，让他见机行事。你立即计划一下，如何配合大兴的行动。”

第二天，吃过早饭，孙大兴又到双庙来了。他这回不是挑着担子，而是将一个木箱盖翻过来，用带子系在胸前，上面摆着些烟卷和糖果。他也不像前几天那样老摆在据点旁边的十字路口了，而是在据点周围来回地走动。看见伪军出来了，他就上前兜揽生意，从他们嘴里套一些情况，看见日本鬼子出来，马上就溜开。

中午时分，从县城里开来两辆汽车，不大会儿，从据点里出来二十多个日军，四十多个伪军，都登上汽车，顺着公路向北开去了。大兴估计留下的敌人已经不多了，就向据点慢慢走去。在据点门口站岗的，正是那个爱吃白食的宋茂才。孙大兴心想：“这真是个机会。”便回过头来，向站在南边屋檐下一个穿长衫戴礼帽的人摆了一下头，径直向宋茂才走去。

孙大兴刚走到吊桥跟前，站岗的宋茂才大喝一声：“站住！干什么？”

孙大兴满脸堆笑说：“今天有新做的花生糖，怕你走不开，特意送来给你尝尝，要是不方便，那我走开吧！”

宋茂才听说有花生糖，馋得直咽口水，急忙说：“别走，别走。你拿过来给我看看。”

孙大兴笑嘻嘻地走过吊桥，来到宋茂才跟前，未等他伸手，就拿出两块黄澄澄的花生糖递过去，一边奉承着说：“老宋，你的脾气真好。我就怕碰上日本人。他们抢走我这点儿小买卖不算，还要揍我。上次给那个日本人踢了一皮靴，现在屁股还痛哩。老宋，炮楼上有日本人吗？”

宋茂才嘴里吃着花生糖，越嚼越香，伸手到盘子里又拿了一块，摇头晃脑地说：“那上面没人。你甭怕！今天日本人全出去了。”

孙大兴装作有口无心地说：“那你一个人站一整天岗，太辛苦啦。”

宋茂才一边嚼着花生糖，一边说：“还留下我们一个班呢。”

孙大兴叹了一口气说：“老宋，跟你说实话，我这个小本生意干不下去了。”

宋茂才满嘴都是花生糖，口齿不清地说：“怎么说？你躲着点儿日本人不就行了吗。”

“唉，”孙大兴又叹了一口气。“不是这个。我是说老总们赊的账太多了，我的本钱小，周转不过来。批货的老板老追在屁股后头要账，再不给他，就进不来货了。老宋，您赊的账先搁着，可老张、老盘、老万，还有张班长，他们赊的账最多，我想先问他们要点儿钱，还了账进点儿货再说。您看，现在又没有日本人，让我进去一趟怎么样？”

宋茂才是个又懒又馋的兵混子，巴不得孙大兴常来常往，心想：“就是放这孩子进去，也没什么大不了。横竖谁都吃过人家的东西，又是个孩子家，班长问起来，照直说也不要紧。只是据点里还留着两个看电话的日本人。让他们知道了可不好办……”

孙大兴看宋茂才的样子，知道他给说活动了，就摸出一包香烟，在他眼前晃了晃说：“老刀牌的，剩不几包了，您来一包怎么样？”

宋茂才刚接过香烟。孙大兴往吊桥那边看了一眼说：“坏了，找我要账的来了！”

“什么要账的？”宋茂才往大路上看去，果然有一个穿长衫戴礼帽的人往这里走来。

孙大兴慌慌张张地说：“就是他，王老板！我的烟卷糖果都是赊他的，我躲了他两天了。”

那个穿长衫的人已经看准了是孙大兴，便向这边招了招手。孙大兴忙向宋茂才说：“坏了，他看见我了。让我在这里躲一躲，你把他撵走吧。”

常言说：吃人家的嘴软。宋茂才一想：乐得做个顺水人情，这回帮了他的忙，往后就更好赊账了，就举起枪，走上吊桥，向那个穿长衫的喊道：“走开！走开！不许在这里站着！”那个穿长衫的见宋茂才撵他，无可奈何地转身走了。

宋茂才回头一看，孙大兴不知跑到哪儿去了。他还以为这孩子溜走了，并不放在心上，又大嚼起花生糖来。

孙大兴已经乘机混进了据点。他装作找人的样子，四下里留心观察。据点里静悄悄的，伪军大概都在睡午觉。孙大兴转过炮楼，看见一段二十米长、一米来高、半米多厚的胸墙，胸墙里边是一大块开阔地，上面修了许多沙岗掩体。过了开阔地，有四排房子，每排前头都有一个圆形的小地堡。房子后面有一座长方形的大平房，再后面围着木桩和铁丝网。一条沙土铺的小路，一直通向据点后面的另一个炮楼。

据点里的建筑和工事，孙大兴已经摸清楚了。可是火力的配备到底怎样呢？孙大兴决定到房子里看看去，要是碰上伪军，反正就说是来要账的。他轻轻地走到东面那两排房子跟前，从窗户向里望，看见里面是两排通铺，空荡荡的没有人。孙大兴想，这大概是方才出发的那些伪军住的。他又向西边那两排走去，还没走到跟前，听见"吱呀"一声，门开了，从里面走出一个人来。孙大兴不禁大吃一惊，原来冤家路窄，出来的正是昨天抢他一篮水果的那个戴眼镜的日本鬼子。

那个鬼子一见闯进来一个生人，脸色马上变了，瞪着他的近视眼，一步一步向孙大兴逼近。孙大兴想：躲是来不及了；跑，更是凶多吉少；拼吗，手上又没有武器。他立刻镇定下来，从容不迫地迎着鬼子走去，一边赔着笑问道："皇军，我的篮子还给我吧？我的篮子。"

"篮子？"鬼子有点儿莫名其妙，"什么的篮子？"

"我的！"孙大兴用手比画着梨和苹果的样子，又比画着篮子的样子，"昨天，你的拿来。"

"唔，嗖嘎！"鬼子想起来了，这个孩子正是做小买卖的，便问："篮子的嘎？"

"对！对！"孙大兴哭丧着脸，"我的买卖小小的，篮子的没有了，我的吃饭的也就没有了！”

“唔。”鬼子看大兴果然没挑担子，只在胸前挂着个木箱盖子，便有几分信了，进屋去拿了只空篮子出来。孙大兴正要伸手去接，鬼子忽然动了疑心，一把揪着孙大兴的衣领，“你的良心坏了坏了的！”

孙大兴连连摆手：“不，良心大大的好！”

鬼子的手抓得更紧了，几乎把孙大兴提了起来，大声吼叫道：“你的，怎么进来？”

孙大兴连咽了几口唾沫，装作害怕得说不出话来的样子。

鬼子紧紧逼问：“你的怎么进来？”

孙大兴忙说：“我是来找篮子的，门上的不让进，我就求他，门上的放我进来了。他的说，你的良心大大的好，会还给我篮子的。”

“不信的！”鬼子不信，拉着孙大兴向门岗走来。

宋茂才正喜滋滋地闻着那包喷香的老刀牌香烟，一见鬼子抓着孙大兴来了，心想：“坏了，这怎么办？”他连忙把香烟放进裤兜里。

孙大兴老远就大声地分辩：“我是来找篮子的！不信问他。”

宋茂才一听这话，孙大兴没把他们赊账的事儿兜出来，心放下了一半，连忙做好个立正姿势。

鬼子来到跟前，问宋茂才：“他的怎么进去？”

宋茂才按着孙大兴的口气说：“小孩的买卖小小的，来找篮子。我的不让，他的就进去了。”

鬼子放开了抓着孙大兴的手，指着孙大兴系在胸前的箱盖子说：“你的放下！”

孙大兴放下木箱盖子。鬼子蹲下去翻了一阵子，没发现什么可疑的东西，顺手抓了几包烟卷和一把花生糖，往自己口袋里装，然后站起来，向孙大兴脸上“啪啪”打了两个耳光，指着吊桥说：“开路！开路！”

孙大兴脸上被打得火辣辣的，可心里高兴得热乎乎的，这一关总算闯过来了。他忙从地上拾起篮子，提起箱盖，三脚两步走上了吊桥，耳边听得鬼子还在叽里咕噜地骂宋茂才，不禁暗暗好笑。

孙大兴拐过一条小巷，那个穿长衫戴礼帽的王老板又跟上来了。孙大兴回头一看，高兴地轻轻叫了声：“魏参谋。”魏参谋做个手势，叫大兴别出声。两个人像不认识似的，走出了双庙。

二

八月十三上午，伪军小队长牛金汉又带着十几个伪军到刘集来了，他找到了保长刘庆余，就问：“慰劳的东西准备好了吗？再不送去，在日本人跟前，我就不好替你说话了。”

刘庆余心里早有了底，愁眉苦脸地回答说：“小队长，我张罗了好多天，腿都快跑断了，咳，难哪！这片地皮你是知道的，穷得大家连过节也吃不上一顿饱饭，实在榨不出什么油水了。再去逼人家，人家拿大棍子揍我，我这把老骨头可受不起啊！”

“那怎么办呢？日本人那里交不了差。”牛金汉贼眉鬼眼地看着刘庆余，“保长，我看还是想办法搞几个花姑娘送去吧。你就跟乡亲们说，去几个妇女，是叫她们给洗洗衣裳，做点儿过节的菜。过了八月节，就让她们回来。”

“谁能相信日本人不糟蹋人呢！”刘庆余装作松了口，心里却狠狠地骂道：“你这个畜生！”

“你给他们下保证嘛！”牛金汉一手搭在刘庆余的肩上，亲昵地说，“保长，你算算这笔账看，送几个妇女去，比送礼上算多了。你找几个穷人家的妇女，给她们几个钱，到了据点里又能吃上好的，还能领赏回家，对她们不全是好处吗！你再合计合计，要是不送去，日本人说了就算，一把火，连人带屋烧个精光……"

"唉！"刘庆余叹了口气，抬起头来看看伪小队长说："也只好这样了。不过这不是什么光明正大的事，谁家的姑娘媳妇也要顾个脸，就是送去，也得找个合适的时候。"

牛金汉一听刘庆余答应了，连忙说："行，行。这个好办！不过可不能过了八月十四。"

刘庆余想了一下说："今天就是十三了。我还得到各处想办法张罗，就定在明天夜里吧。"

"夜里？傍黑天不行吗？"

"不行！"，刘庆余连连摇头，"这件事要秘密，要是让老百姓看见了，就办不成了。"

"好吧。"伪小队长心想，只要花姑娘送到，他就在日本人跟前立了个大功，便说："八月十四夜里，我在碉堡上等着你，可一定得送来！你也知道日本人的厉害！"

"你就放心好了。"刘庆余说，"不送来，你就领日本人来放火烧刘集吧。"

八月十四的夜里，天空中浮动着一大块一大块的乌云。月亮时而躲进云堆里，时而钻了出来。大地上有时暗，有时明。一切东西，看上去都是影影绰绰的。约莫到了三更天，刘庆余带着十几个花姑娘从刘集奔双庙据点来了。离他们不远，悄悄地跟着一行队伍。

牛金汉天一黑就在炮楼上等候了。他心里想得美滋滋的：一则办了这件大事，他以后定能得到日本人的重用；二则送来了花姑娘，也有他的一份。等着等着，他不知不觉打起盹儿来。他梦到自己被日本人提升，当上了中队长，好不威风。却不知从哪里来了个八路军，一下掐住了他的脖子。牛金汉拼命挣扎。嗷嗷地嚎叫，忽听得有人喊："小队长！小队长！"

牛金汉从梦里醒过来，惊魂未定地问道："什么事？"

站岗的伪手报告说："刘保长来了。"

"噢，来了！"牛金汉忘记了刚才的噩梦，兴冲冲地跑到吊桥跟前，借着月光一看，桥那边真站着一个人。他便喊道："是刘保长吗？

"小队长，是我。"对方回答说。

"人带来了没有？"

"带来了。"

"在哪里？"

"站岗的不让靠近，在那边树底下呢。"

"你带过来吧。"

刘庆余答应了一声，回到树底下，带来十几个妇女，走到吊桥跟前。

"好！"牛金汉咧着嘴笑了，马上吩咐站岗的伪军把吊桥放下来。站岗的伪军听说来了花姑娘，也来了劲儿，他把大枪往墙上一靠，就去解挂吊桥的绳索。

吊桥放下来了。保长刘庆余走在头里，十几个花姑娘低着头跟在后面。刚走过吊桥，牛金汉瞅着一个怪苗条的花姑娘，挨上去往怀里一搂。这个花姑娘趁势往牛金汉身上一靠。牛金汉忽然觉得有两只手像铁箍似的掐住了自己的脖颈，还没有喊出声来，就被花姑娘按倒在桥头上了。旁边的一位花姑娘从怀里掏出一柄斧头，对着牛金汉脑门上砍了下去。站岗的那个伪军吓愣了，刚想跑，突然脖颈被一根皮带牢牢套住了。花姑娘们把头一甩，甩掉了头上的假发和花包头巾，一个个都成了雄赳赳的战士。孙大兴也在里面，他举起手里的一条白毛巾，挥了几下，埋伏在碉堡外面的一排战士都腾身跃起，冲过吊桥来了。

这十几个花姑娘，原来是侦察排的战士化装的。他们每个人从腰里抽出一把锋利的切菜刀和一把二十响的盒子枪，像十几只猛虎，跟着大兴直奔鬼子的宿舍。排长吴玉昆命令两个战士先登上炮楼，架起一挺机枪，堵住西门：一班去包围伪军的宿舍；三班去占领东面的碉堡；班长王玉成带领几个战士，去活捉鬼子的小队长。

侦察排的十几个战士由孙大兴带路，来到鬼子宿舍跟前。吴玉昆命令四个战士在四个窗口下面守着，自己带领几个战士，摸进了鬼子的宿舍。屋子里没有灯，灰蒙蒙的月光从窗玻璃里透进来，隐约看得见一张通铺上，一长溜儿躺着十几个鬼子，一个个都在打着呼噜，大枪全放在枪架上。吴玉昆向枪架指了一指，两个战士轻轻地走过去，把枪一支一支地拿下来，抱在怀里，就往外走。没想到一支枪碰在门框上，发出“嘭”一声响。一个鬼子惊醒过来，睁开眼一看，屋子里好像有人向外抱东西，惊慌地喝问：“谁？”排长吴玉昆喊了一声：“杀！”自己手起刀落，先把那个鬼子的脑袋砍了下来。战士们一齐动手，只听见“咔！咔！”切菜刀朝着鬼子们的脑袋上猛砍下去。鬼子们有的还在梦里就蹬了腿：醒过来的满屋里嗷嗷地鬼嚎，有的起来去摸枪，枪没有了，还没有转过向来，刀已经落在脑袋上了。有的爬到窗口想往外跳。刚一伸头，刀落在脑袋上了。有的从门口冲出去。前脚刚跨出，刀又跟上来了。“喊里喀嚓”一阵快刀切瓜，十几个鬼子都去见了阎王。

这场砍杀，排长吴玉昆没有让孙大兴参加。来的时候，团长交代过，只要大兴带路，不让大兴参加肉搏，吴玉昆命令大兴蹲在一个水池旁边放哨。孙大兴只得服从命令。他蹲在那里，手里紧紧握着唯一的一个手榴弹，眼睛滴溜溜地向四处监视着。忽听得北边响起了枪声，孙大兴再也沉不住气了，弓着身子就往那边跑过去。刚走出两步，“刺啦”一声，一颗子弹从他头顶飞过。孙大兴加快脚步，跑到小房子跟前，只见一个战士倒卧在房门口。另一个战士从窗户爬进了屋里，屋里立即传出格斗的声音，接着“啪”的一声枪响，一个人影从屋里蹿了出来。等在门口的战士腾身向这个人影扑去，“砰！”又一声枪响，这个战士也倒下了。那个人影脱身飞跑。孙大兴看清跑出来的正是鬼子小队长，抽出手榴弹就向他扔出去。“轰”的一声，鬼子小队长在浓烟中倒了下去。孙大兴急忙奔向屋里，看见王玉成弯着身子，正往外冲，嘴里喊着：“捉活的！”一句话刚说完，就倒在门槛上。孙大兴蹲下来一边扶起他，一边喊：“班长！班长！”

排长吴玉昆也赶来了，他用手电筒一照，王玉成伤得不轻，肋下咕嘟嘟地向外冒血。他忙向身旁的一个战士说：“快叫担架送回去！”又对孙大兴说：“你也跟着回去，见了团长向他报告，任务已经胜利完成了！”

三

双庙这一仗打得非常好。鬼子和伪军大部分被打死，其余全部缴械投降。更重要的是给这一带的老乡们除了一大害，给今后的战斗创造了有利的形势。

班长王玉成伤势很重，一颗子弹从肋部射进去，穿进了肺部。当时的卫生队医疗条件很差，只能打止血针把血止住，却无法取出肺部的子弹来。孙大兴心急得像火燎似的。他跑到卫生队，找着了武建华就问：“小武，子弹穿进肺里能取出来吗？”

武建华说：“不知道。这样的手术恐怕不能做。”

“唉，你们这卫生队真白搭！”孙大兴埋怨起来。

武建华理解孙大兴的心情，宽慰他说："子弹取不出来也没关系，人照样能治好。很多人身体里带着子弹，不都照样能工作吗。"

孙大兴看王玉成昏迷不醒，脸色黄黄的，总是不放心。

过了两天，形势忽然紧张了。咱们端了敌人的双庙据点以后，盘踞在附近的鬼子都震动了。他们从平度、莱阳、掖县汇集了一千多鬼子兵和伪军，向刘集、双庙、王庄等地进行"拉网"大扫荡。敌人来势很凶，咱们的部队必须迅速转移。伤员怎么办呢？团里决定把负重伤的王玉成和另两个伤病员隐蔽在王庄后面青龙山后峰的一个岩洞里，让宋军医和武建华留下来护理他们。

队伍转移之前，孙大兴又来看望王玉成。他走进山洞，见武建华正端着小碗给班长一匙一匙地喂稀饭。武建华喂得很细心，每舀起一匙，总要吹一会儿，试一试不烫嘴了，才送到班长嘴里，孙大兴看着，心里很受感动。他一向认为医务人员只是在后方看病号，又不冲锋杀敌，没什么了不起的。现在看到这些受伤的同志躺在那里，不能说，也不能动，多亏医务人员不怕琐碎，不嫌麻烦，给他们换药、洗伤口、喂饭、端便盆，想尽办法减轻他们的痛苦，使他们早日恢复健康。医务工作是多么崇高的事业呀！

武建华把饭喂完，回过头来向大兴笑笑，小声地说："班长比昨天好多了。"

孙大兴在王玉成的身旁坐下，喊了声："班长。"

王玉成看看他，脸上露出了笑意，好像想说什么，可是话未说出口，就咳嗽起来，痛苦地皱着眉头。武建华连忙制止孙大兴说："光许你来看看，不许说话。"

孙大兴点点头，默默地看着班长，脑子里片片断断地想起了过去的事来。

王玉成过去是孙大兴的爸爸——孙连长的通信员。他像个大哥哥一样照顾着孙大兴。他曾经好几次，从密集的炮火中把大兴救出来。孙大兴渐渐长大以后，王玉成的勇敢和真挚深厚的阶级感情，使得孙大兴十分喜欢他，依恋他。孙大兴平日总爱缠着班长，要他教扔手榴弹、拼刺刀，只要稍长时间看不见班长，他就闷得发慌。

可是现在，孙大兴要随着部队撤走了，王班长却不得不留下来。班长的伤势还很重，留在这山洞里，会不会遇到什么危险呢？王玉成似乎猜中了孙大兴的心事，脸上现出平静的笑容，无力地伸出手来。孙大兴紧紧握住班长的手。他懂得，班长是要叫他放心。

一会儿，宋军医提着半布袋小米进来了。他看见孙大兴，高兴地说：“大兴，你们要走了吗？”

“马上就走。”孙大兴站起来，“在哪儿领的粮食？”

“在上士（注：当时部队管伙食的）那里。”

武建华上前接过布袋，提着试了一下分量，噘起嘴说：“这次部队还不知转移到哪里去呢，团长不是叫批给伤员一个星期的口粮吗，怎么上士就给这么一点儿？我看不够五天吃的。要是伤员挨了饿，我可得上团里告他！”

“咳，就这点儿粮食……”孙大兴也去用手捏了捏布袋说。他知道团里正缺粮，最近团长和政委吃饭，每天都是吃到半饱就放下筷子，说是饱了。上士也实在没有什么办法，可是他又担心饿着伤病员，更怕饿着班长。

“小武，别不知足了。粮食不够咱们另想办法。”宋军医又对孙大兴笑着说：“放心吧，保险饿不着你的班长。”说得孙大兴不好意思地笑了。

宋军医又打趣说：“大兴，你这一回可真不简单，鬼子吃了你一篮子苹果，可是赔本大大的啦！”

军医说的这几句话，孙大兴从战士们那里不知听到过多少遍了，越听心里越得意。每次听人家这样夸奖他，他总要把这段不平凡的经历说上一遍。说得高兴还指手画脚表演起来，伪军怎么又馋又懒，鬼子怎么又狠又蠢，引得大家笑个前俯后仰。现在孙大兴的脸上喜洋洋的，可是那段精彩的故事已经讲过多少遍，再讲连自己也觉得有点儿腻了。

孙大兴还没想起该说些什么，武建华羡慕地接上来说："真是！大兴。要是没有你，这一仗说不定打不成呢！"

"嘻嘻……"孙大兴小声笑起来，"我呀……"他想谦虚几句，结果却说了一句："当侦察兵作用就是大。"

王玉成忽然咳嗽起来了。"不对……"王玉成喉咙像拉风箱似的说，"一个人能有多大的作用呢……要是没有团首长的指挥，没有同志们的英勇作战，一个侦察兵能干什么……咳，咳……"

武建华见王玉成还要继续说，连忙摇手说："你别说话！别说啦！"

孙大兴看见班长喘着气，样子很严肃，这才感到刚才不适当地估计了自己的作用，不由得惭愧得脸上发热，鼻尖上冒出汗来。武建华也感到自己把大兴夸得过分了，不好意思地低下了头。

宋军医看了大兴和小武一会儿，说："是呀，大兴这回是立了功。但是能够打胜仗，主要还是靠首长和大家。记住！不能只看到个人的作用，那样就会变得骄傲自大哩。你们听说过吗？我们团里有个战士立过五次功，他杀死过的敌人也记不清有多少了，他身上的伤疤比谁都多，他得到的奖章要是都挂起来，胸前就是一大片。可是这个战士从来不夸耀自己的功劳，他说这是一个战士份内应做的事，别人的称赞是对自己的鼓励。你们说，这个战士值不值得我们好好学习？"

两个孩子默默地点着头。他们早就知道这个可敬的战士就是王玉成班长,都转过头来,用敬爱的眼光看着他。

外边传来集合的哨声。孙大兴上前紧紧握着班长的手,十分激动地说:“班长,我一定记住你和宋军医刚才说的话!我走了。”他又向宋军医、小武告了别,走出洞口,匆匆跑下山去。

四

部队撤走的第二天,日寇和伪军从平度、莱阳扑下来了。他们想找到我西海军区的主力,来个“铁壁合围”,从四下里向中间挤,最后把我军包围起来,一网打尽。鬼子这个阴谋,早被咱们识破了。当他们向我根据地大批出动的时候,八路军已经从他们身边溜了出去。鬼子和伪军这次是倾巢而出,他们的老窝却空起来了。独立团的三个营便转到他们的老窝边上住下了。

鬼子和伪军扑来以后,挨庄子挨户搜查,到处抓老百姓审问。村里的人几乎跑光了,偶尔抓到几个上年纪的人,也没有一个肯对鬼子说实话的。结果什么也没有问出来。他们横冲直撞地“扫荡”了三天,连八路军的一个脚印子都没有发现。鬼子的联队长下了决心,找不着八路军,决不收兵。白天,他们把军队横着排开,隔几步站一个兵,一排几里宽,一齐向前拥,不管遇着什么人,开枪就打。夜里,他们把散开的队伍稍为聚拢,三五个人一群,隔个二三十步点起一个火堆,一点就是好几里路远,不放一个人影通过。

敌人这样疯狂,咱们当然不能轻饶过他们。咱们的武工队在重要路口埋上地雷,鬼子和伪军一踏上,就得坐“飞机”升天。夜晚,武工队展开了“麻雀战”,派出一两个人去,冷不防朝鬼子的火堆上打上一枪两枪。鬼子以为是八路军来袭击了,发疯似的乱跑乱放枪。别看鬼子表面上很凶，其实被八路军打怕了，老是提心吊胆的，一听到枪响就着慌了。

隐藏在青龙山后洞里的宋军医、武建华和三个伤病员，几天都不能出来活动。部队撤走的时候，用大石头堵死了洞口。他们要弯腰走出二十多米长的孔道，到半山腰上的一个小洞口进出。武建华每天趴在小洞口向外瞭望，有时候看到远处的村庄在焚烧，有时候看到敌人在山上爬上爬下，搜索着什么。

三个伤员的情况都很严重。王玉成的病情又转坏了，每次咳嗽都吐出一些血来，吐了血以后就会昏迷一阵子。他的伤口化脓了，胸部像刀扎般痛。但是他咬着牙忍受着，不愿呻吟出来。他知道只要他哼一声，就会给宋军医和小武带来极大的不安。有时候他疼得头上直冒汗，脸上的肌肉抽搐着。宋军医和武建华看了，心里难受极了。但是有什么办法呢？他们只有一把剪刀，一大瓶红汞水，几块纱布，一包药棉，几十片应急的药片和几十支针药。这些都不能解除伤病员的痛苦。

山洞里又凉又湿，空气又坏，饮食又不足，这些对伤病员都是很不利的。另一个伤员是机枪射手朱振海。他截掉了半条腿，伤势倒没有恶化。还有一个病员是文书傅开玉。他患着恶性疟疾，每天要发作两次，冷起来浑身打战，盖上几条被子也没有用，热起来，满嘴说胡话。因为山洞的口给堵上了，即使是白天，里面也是黑乎乎的。只有做饭的时候，点起了火，才有些光。给伤员换药、服药，都得点起松枝来照明。

到了第六天，武建华拿小米熬稀饭。他一提口袋，口袋轻轻的，伸手进去一摸，里面顶多只剩半碗米了。怎么办呢？把半碗米全做了吗？下一顿就没得吃了。他把口袋提到宋军医跟前小声说：“小米快吃完了。”

“我知道。”宋军医说。

“都做了吗？”武建华迟疑地问。

“都做了吧。我再出去想想办法。”

宋军医说话的声音并不高，那个截去腿的朱振海却听见了。他问：“粮食吃光了吗？”

“呵！”宋军医忙说，“不是。还有不少呢！”这个不善于说谎的人，脸红起来了。好在洞里暗，伤员看不清他的脸色。

朱振海又问：“那口袋不快空了吗？”

“噢，”宋军医支吾着回答，“还有一口袋呢。”

稀饭做好了。武建华盛了三碗。他端了一碗到朱振海跟前，朱振海指指王玉成说：“先给他吃吧。我这会儿肚子不大舒服，不想吃。”

武建华明知他是推让，便说：“他已经有了。这是你的，你吃吧。”说着把碗放下来，又去端另一碗给患疟疾的文书。最后，他端着碗，拿着汤匙来到王玉成身旁，说：“班长，吃饭吧！”

王玉成睁开眼，用手指了指那两个伤员，示意给他们吃，然后又指指自己，摇了摇头。武建华不听他的，把碗放在一边，坐下来用汤匙舀了稀饭送到王玉成嘴边，一面小声地催着：“吃吧！”

王玉成又摇了一下头，困难地转动身子，把脸背了过去。刚才宋军医和小武的谈话，他也听到了。他估计自己是不行了，不如把粮食留给同志们吃，好让他们恢复得快一些，早一点儿回到部队上去，继续为革命出力。武建华猜中了王班长不肯吃的原因，鼻子不由得一阵酸，转脸一看，朱振海和傅开玉两个也都没吃。武建华急了，站起来说：“你们怎么全不吃呀？不吃饭怎么能养好病呢？”

朱振海向小武招招手，武建华走近去，他附着小武的耳朵悄声说：“小武，你做工作可要分具体情况，别来个平均主义，一人一碗。你看，他们俩病势重，应该多吃点儿。我是腿上的事，离肠子远着呢。你就别管我了，赶快动员他们俩吃吧。”

武建华只得先去动员傅开玉。这位文书同志今天好些了，肚子也确实很饿。但是他想：“这两位伤员，一位奋勇擒敌，被子弹打中了肺部；一位为了掩护同志受了伤，截去了半条腿。他们对人民做出了这么大的贡献，应该尽量照顾他们才对。”他对小武摇摇手说：“让班长吃吧，他的伤势重。”

武建华实在没法了，只好说：“你们都不吃，我找军医去。”

宋军医正趴在洞口观察外边的动静，心里在盘算如何才能弄到点儿粮食。他前两次出去都失败了，还差点儿被敌人发现。武建华来到洞口，拉了一下宋军医，无可奈何地说：“他们都不肯吃，你去劝劝吧。”

宋军医回到洞里一看，每个伤员面前都摆着满满的一碗稀饭，可是谁也没有动。他轻轻叹了一口气，沉重地说：“同志们，你们这样做不对啊！养好伤，养好病，是党交给你们的任务，可是不吃饭，怎么能养好呢？我很了解同志们推让的心情。但是不管是谁，都没有权利不吃！你们三个都是重伤病员，这碗稀饭谁都不应该推让。傅开玉同志，你的病刚有好转，正是需要营养的时候。现在你和疾病作斗争，饭就是力量，就是武器。”

宋军医端起碗放到傅开玉手里，连连地催促着。傅开玉被宋军医说得找不出理由来推让了，但是还不肯吃。宋军医说：“你不肯吃，我还怎么去说服他们呢？”傅开玉懂得宋军医是要他带头，便说：“好吧，我吃。”他端起碗就吃了起来。

宋军医又走到朱振海面前，朱振海却抢先说：“宋军医，你说得很对。不过，我完全顶得住，我身上的肉还硬棒哩。这一碗就来个对半分，班长和文书……”

“朱振海同志！”宋军医严厉地打断了他的话，“组织上把你交给我，你就得听我的命令。伤员不准拒绝吃饭，吃吧！”

“唉，粮食……”朱振海还要推。

“你别管。”宋军医把饭碗送到朱振海手里说：“吃饭、养伤，是你的事。想法弄粮食，那是我们的事。只要有群众在，咱们决不会饿死。吃吧！”

朱振海不敢再让，把碗接了过去。

宋军医的话，王玉成句句听在心里。他想：“我的情绪真有点儿不大对头，难道我已经准备向死神投降了吗？不！我并没有丧失信心，我应该活下去，继续为革命事业贡献力量。”宋军医走到他身旁，舀起一汤匙稀饭送到他嘴边，他就张开嘴来吃了。

伤员们每人吃了一碗，都不肯添了。锅里还剩下一碗多稀饭。宋军医向小武说：“你盛来吃了吧。”

武建华问：“你呢？”

“我饿惯了。”朱军医说，“我少吃一顿两顿没关系。到晚上，我出去想法弄粮食。”

武建华哪里肯一个人吃，他把稀饭分在两个碗里，把一碗多些的送到军医面前。宋军医看着两个半碗稀饭，笑笑说：“半碗稀饭谁也吃不饱，你一个人吃吧。饿一个比两个都饿着强。”

武建华知道宋军医是无论如何不肯吃的了。他的肚子饿得咕噜咕噜响，但是今天晚上要是还弄不到粮食，那么明天、后天，伤员们吃什么？想到这里，武建华就把两个半碗稀饭又倒进了锅里。宋军医赞许地看了看小武，没有再说什么。

晚上，宋军医对小武说：“你好好在洞里看护伤员，我到村子里去想法弄点儿粮食来。”

武建华说：“这回让我去吧！”

宋军医说：“出去要到处找老乡，找咱们工作人员，这些关系你都不熟悉。而且可能碰到鬼子，危险性很大，你不能去。”

武建华说：“正因为太危险，你不应该去！”

“为什么？”宋军医看着小武问。

武建华振振有词地说：“带好伤病员的担子是你挑着，要是你出了事，怎么办呢？你又出去过两次了，这回让我去吧。如果碰到敌人，我年纪小，容易蒙混过去。”

“倒也说得有理。”宋军医想。他平日了解小武是个细心谨慎的孩子，考虑了一会儿，便说：“你去试试也好。不过要十分小心。实在弄不到就回来，千万不要冒险。”

“我知道。”武建华十分高兴。宋军医详细地给他交代了行动的路线和联系的线索。

夜色笼罩着山野和村庄。天空中堆积着灰色的云，有时闪出几颗星星，一阵风吹来，星星又躲进云里去了。山野里燃烧着鬼子点起的一堆堆的“火障”。好些村子的上空黑烟弥漫，冒着一条条火舌。

“上哪个村子去呢？”武建华在沟里爬行，考虑宋军医讲过的几个村庄。他看见前面鸡冠庄的上空没有烟火，决定先到那里碰碰。

敌人点燃的火堆离他只有五六十步远。他脚步很轻，一听见有什么动静，马上伏下身来。他已经一天没吃饭了，肚子瘪瘪的，腿有点儿发软，但是一想起洞里的伤病员，身上又来了劲儿。他轻捷地忽而走，忽而爬，花了半个多小时才来到了鸡冠庄庄头上。他趴在地上抬起头来一看，不禁打了个寒战。树上吊着一个人哩。村里的房子大半被烧掉了，静寂得吓人，就像长期没有生灵的废墟。武建华恨得咬着嘴唇，心里骂道：“鬼子呀，你把咱们糟蹋成这样，将来要你还个够！”

村子里好像一个人也没有，进去还有什么用呢？武建华正想退回来，忽听得一声轻轻的咳嗽，又仔细听了一会儿，好像还有搬动东西的声音。他立即悄悄地向有声音的地方走去。

响声是从一个破屋框里发出来的。这座茅屋屋顶被烧掉了一半，门敞开着。武建华摸到里面，却黑洞洞的什么也看不见。他定了定神，才看清有个老大娘蹲在一堵墙跟前，从墙脚往外挪动着什么。武建华好多天没有和群众讲话了，见到老大娘，心里感到特别亲切。他怕吓着老大娘，凑上去小声喊了声："大娘。"老大娘果然吃了一惊，全身一震，回过头来。

"大娘。"武建华又喊了一声，挨到大娘身旁。

"你是……"老大娘听出是个孩子的声音，心里稍微安定了。

"我是八路军。"武建华低声说。

"噢，你们回来了？"老大娘的声音充满了喜悦。

"不是的。部队没有回来。"

"呵……"老大娘感到失望，又关切地问："是掉队了？还是让打散了？"

"不是的。"

"那你……"老大娘又有些不安了。

"我是留下来的。"武建华说，"是留下来照顾伤病员的。"

"唔。鬼子没搜到你们那里吗？"

"没有。"武建华说："我们藏的地方，鬼子找不着。"

"那你为啥跑出来呀？"老大娘才看清楚弓着腰站在她身旁的是个十三四岁的孩子。"碰上了鬼子，可怎么好呀！"

"大娘，我是出来弄点儿粮食的，伤员没有粮食吃了。大娘，你知道老乡都躲在哪儿吗？咱们这村子里有粮食没有？"

"粮食？"老大娘叹了口气，"没有啊，孩子。剩下的一点儿粮食全被鬼子抢光了。"

"噢！"武建华冷了半截，"大娘，这村子里还有别人留下来吗？"

“怕没有了。”老大娘说，“鬼子大前天在这里杀了人。全跑光了。”

“唉。”武建华心想，这里大概是没有希望了，又问：“大娘，东边齐家村还有人吗？”

“有是有。”老大娘说，“可是那里住着鬼子呀。村子四周全有鬼子的岗，你进不去。”

武建华心想：“完了，这里没有，那里不能去，这一回又白跑了。这样空着手回去，明天伤病员吃什么呢？还是上齐家村试试吧，弄不到粮食可不能回去。”他说了一声，“谢谢你，大娘！”转身就向外走。

“孩子，你上哪里去呀？”老大娘一把拉住武建华。

“我上齐家村。”

“你不能去，孩子。那儿有鬼子呀。”

“不能去也要去。大娘，我弄不到粮食，伤员就要挨饿。”

老大娘的声音有点儿颤抖：“孩子，你别去了。我也是回来拿粮食的。我们一家大小五口，已经一天半没吃东西了。你来！”

老大娘把武建华拉到小屋，撬开墙根下的一块石板，从下面拿出一个小罐子来，递给武建华：“孩子，你拿去吧。这里还有点儿小米。”

武建华接过罐子，伸手进去摸了一下，里面有半罐子小米，大概有三四斤。他心里一阵高兴：这下可好了，明天伤员可有饭吃了。

武建华正要道谢，忽然想起老大娘说她一家五口人已经一天半没有吃东西了。他连忙问：“大娘，你另外还有粮食吗？”

“没有了。”老大娘说，“这还是上次跑鬼子的时候埋下的，后来就把它忘了。今儿饿得没有办法了，我才想起回来拿的。”

武建华说：“大娘，这半罐子小米，你给了我，你拿什么回去呢？”

“唉！”老大娘叹了一口气，“我们挨得过去。还是伤员同志要紧。你拿走吧。”

武建华想：“大娘一家人有老有小，怎么能让他们挨饿呢？这粮食无论如何不能拿。”他把罐子放在老大娘跟前，说：“大娘，谢谢你！你也困难。这粮食还是你拿去吧，家里的人全等着你呢。我到齐家村去一趟，也许能弄到点儿什么的。”

“同志，小同志……”老大娘着了急，又不敢高声喊。

“谢谢你，大娘，谢谢啦！”武建华转身出来，就摸黑向齐家村走去。

从鸡冠庄到齐家村要过一条河。武建华爬到河边一看，倒抽了一口冷气。河边上每隔两三丈远点着一个火堆，河水被照得一闪一闪的。小桥上一头站着一个伪军。从河里蹚过去吧，也不行。河水一响，准会被敌人发现。他趴在河边的一个坟堆后面，左思右想，也想不出法子来。看看北斗星的把子已经西斜，宋军医在洞里一定等得着急了，他便想：“在这里待着也没用，不如回鸡冠庄再看看吧。”

武建华回到刚才遇见老大娘的地方，老大娘已经走了。破烂的村庄静寂得更可怕了。武建华连自己那很轻的脚步声也听得很清楚。偶然一阵风来，摇曳着路旁光秃的树木，发出“嘘嘘”的声音，武建华听着浑身打起寒战来。他壮着胆子，挨间探视那些破烂的屋子，希望能碰到老乡，但是从村东头摸到村西头，没看见一个活的东西。时间已经是后半夜了，武建华想：“要是再不回去，宋军医和伤员们不定急成什么样儿了。”他无可奈何地叹了口气，向山洞的方向爬回去。

武建华在山沟里爬着，碎石磨着他的膝盖和手掌，荆棘有时也扎进肉里，但是比起内心的痛苦，这些都算不了什么。宋军医和伤病员对他这一趟出来，抱着多么大的希望啊，可是他空着两只手回去，明天伤病员们吃饭的问题又怎么解决呢？这样下去，伤病员的情况会更加严重的……

武建华肚子里空空的，感到挪动手脚越发困难了，不得不常常停下来喘息。他头上冒着汗，凉风吹来，冷得直打哆嗦。忽听得前面一块地里，风吹得叶子簌簌发响，爬到跟前一看，原来是一块地瓜田，叶子长得挺壮，看样子地瓜的个儿一定不小。武建华几乎从心里笑出声音来了，他想："弄些地瓜回去，不就解决问题了吗！"他就用手挖土，不一会儿，挖出一个很大的地瓜来。

"哎呀！我这在干什么呀？"他的手像触电似的突然停住了，"八路军不拿群众一针一线，不损害群众的庄稼。现在，我不是在破坏群众纪律吗！"他又一想："这是不得已，挖几个地瓜也不能算破坏纪律吧！何况又是给伤病员吃的。"武建华正要伸手去挖土，又想起政委的话："不管在任何情况下，一个革命战士都要自觉遵守群众纪律。"这事情好为难呀！最后他有了主意：回去向宋军医汇报，再决定怎么办。

武建华爬到离洞口几十步远的地方，忽然看见左边的山坡上有个人背着东西向这边走来。武建华连忙躲在一块大石头后面。这个人好像对这里很熟悉，走到洞口就停下来了，用手推了推洞口的石头，没有推动。他又转到通向孔道的石壁下，顺着石壁向上爬。

武建华看这个人不像敌人，那身影还有点儿眼熟。他就悄悄地溜到石壁下面，仔细一打量，不觉高兴得喊出声来："爷爷！"

原来这人正是刘大爷。刘大爷回头一看。忙问："是建华吗？"

"嗯。"武建华答应着，来到刘大爷跟前，问道："爷爷，你怎么会到这里来的？背的是什么呀？"

"粮食。"刘大爷说，"昨天靳大叔来找我，他说你们和几个伤员藏在这里，让我给你们送点儿粮食来。"

武建华一听说送粮食来了，高兴得掉下了眼泪。他紧紧拉着刘大爷的手说："爷爷，鬼子到处点着火堆，路上有好几道封锁线，你都怎样走过来的？"

刘大爷看出小武有好几天没吃过饱饭了，拍拍他的肩头说："待会儿你们吃饱了肚子，我再跟你说吧。"

五

鬼子和伪军像疯狗一样，在八路军的根据地瞎碰乱撞。咱们八路军却像一把锋利的匕首，插进了他们的心腹地带，接连拔掉了他们好几个据点。鬼子的联队长慌了爪了，不敢再在根据地"扫荡"，下令所属部队赶快撤回据点。八路军和武工队当然不能饶过这伙强盗，经常打伏击，布地雷阵，到处拦袭鬼子和伪军。

天蒙蒙亮，赵团长带着二营顺着小路向平度城方向急步前进。他们要在天亮之前，到达离平度城不远的张庄子。

孙大兴心里纳闷："现在敌人往回跑。为什么我们也往敌人的城边靠呢？"他问走在他身旁的魏参谋："怎么咱们也跟着鬼子跑呢？"

魏参谋说："这叫作'上树摸老鸹'，拿稳的。"

孙大兴还是不大明白："这样做不是有意跟鬼子碰上吗？"

魏参谋笑笑，把一个指头放在孙大兴的眉毛上，问道："你能看到我手指头吗？越是敌人的眼皮上，敌人越看不见。"他又用手指在孙大兴眼皮上按了一下，说："敌人看不见咱们，咱们却出其不意，一下子捣了敌人的眼窝！"

孙大兴咯咯笑起来："这一手真绝呵！"

魏参谋拍拍孙大兴的头说："好好学着点儿，打仗这门学问，丰富着哪！"

孙大兴问："这回要干谁？"

魏参谋说："要说出打谁，你就更来劲儿了。"

"谁？"

"打王子舟，伪县大队！"

"王子舟！"孙大兴一听这名字，气得头发都要竖起来了。他父亲孙连长就是和伪军王子舟部队作战时牺牲的。孙大兴立即变得严肃起来，攥紧拳头说："这回我一定要参加斗争！"

魏参谋摇摇头："你还没有到能打仗的时候呢。"

"为什么？"孙大兴不服气地嚷起来。

魏参谋说："你连枪都没有，怎么能打仗。"

"枪？"孙大兴鼓起腮帮子，眼珠转了转，"我去找团长，要求发一支给我！"

团长就走在后面不远，大兴说的话，他都听到了。孙大兴走到他跟前，敬了个礼，没头没脑地说："团长，请求您发给我一支枪！"

"为什么？"团长只装作不知道，仍然大步向前走。

孙大兴紧紧挨着团长走，一边说："我要参加这次战斗。"

团长放慢了脚步："谁告诉你要打仗？"

"魏参谋说的。"

团长哼了一声："真是小广播！我不知道要打仗，也没有枪发给你。"

孙大兴碰了个钉子，心里憋得难受。他翻眼看看团长，团长却不看他。

"光说给我报仇，可到了真要报仇的时候，又不让我上……"孙大兴小声嘟囔着。

团长脸上很严厉，其实他很疼爱大兴。这次战斗是一次奇袭，团长想：大兴报仇心切，又缺乏作战经验，说不定会出危险。他听到大兴嘟囔，觉得又可疼又好笑，便说：“你嘟囔啥，只要把敌人消灭了，谁打还不一样。”

孙大兴听团长漏了话了，抓住便问：“你不是说不打仗吗？”

“嘿！你倒会钻空子。”团长的眼睛露出了笑意，“仗以后有你打的，等长大了再打吧。要报仇，日子也长着呢。咱们全国人民的仇，够你报的。”

部队走进一个村子，天快亮了。团长命令派出警戒，让战士们在村子里歇息。跟鬼子打游击，就是这个样子；白天睡觉，夜晚行动。

团部设在一个农民家里。孙大兴住在团长住房旁边的一个小屋子里。他怎么也睡不着，脑子里老转着一个念头：打王子舟！打王子舟！爸爸的影子又清晰地浮现在他眼前。爸爸一只手举起驳壳枪，昂着头高呼：“同志们，冲啊！”孙大兴仿佛看见爸爸咬断了手榴弹弦，手榴弹像流星一样向敌群里飞去！爸爸的枪里没有子弹了，敌人拥上来了，他拉响了最后一颗手榴弹，敌人在他的身旁一堆堆地倒下了。爸爸披着满身火光，最后倒了下去。这时候孙大兴又像看到一个伪军官对着爸爸的遗体狂笑，这个伪军官就是王子舟！

孙大兴想到这里，热血直往上涌，恨不得马上起来，请求团长发给他一支枪。可是隔壁房里一点儿声音也没有，团长好像已经睡了。

到了下午，二连长和一班班长来到团指挥所。团长喊孙大兴进去，吩咐他说：“你去喊通信班长来。”孙大兴答应着往外走，耳边听得二连长向团长说：“团长，这次运来的地雷很多，再增加半个班也搬不了呢。”孙大兴心里一动，他一边走一边想：“对，用地雷炸这些汉奸羔子！有了，我跟着去帮忙搬地雷不好吗？碰巧也许能炸他一家伙！要是团长不准去呢？得！找班长商量商量。"

孙大兴到了通信班，喊了班长，一起往团长的屋子走去。大兴对班长刘庆林说："停会儿，团长叫咱们通信班派人去帮二连搬地雷，你提议让我也去吧。"

班长问："为什么？"

孙大兴眨了眨眼说："嗨，咱捞不着打仗，蹲在指挥所干啥。去搬搬地雷，也算是为战斗出点儿力嘛。"

班长心里暗暗夸奖大兴能够为战斗着想，便点头同意了。

到了团长屋里，团长果然向通信班长说："你拨出半个班的人来帮助三班搬地雷去。"

班长接受了任务，向团长说："刚才孙大兴说，他也要去，我看多一个劳动力，总要强些。"

团长一考虑："运地雷，又不是直接参加这次战斗，可以叫他去。"便说："行呵，跟他们一块儿去吧，搬完了就回来。"

孙大兴满心喜悦，向团长敬了个礼说："是！"

这天傍黑，战斗打响了。伪军大队长王子舟带着两百多伪军，从青龙山一带往平度城里撤。一小队一小队的伪军，乱哄哄地往前走。他们在八路军根据地里瞎摸的时候，总是提心吊胆的。现在离平度城已经不远了，到了自己的地盘上，他们认为可以放心了。伪军们把从老乡家里抢来的衣服被褥，有的缠在腰里，有的搭在肩上，还有的倒扛着枪，把抢来的老母鸡挂在枪杆上，一个个好不得意。

这一大队伪军踢踢踏踏地走到"两山口"，忽然"轰隆"一声，地雷响了，走在前面的连人带枪飞上天空。轰！轰！两面山头上接连扔下了手榴弹，直炸得伪军血肉横飞，鬼哭狼嚎。

王子舟骑着马走在后头，他万没料到快进家门口了，还会遇到八路军的埋伏，立即命令伪军回击。两旁山上的手榴弹像雨点一样扔过来，伪军东跑西窜，只顾逃命，谁也不听指挥。王子舟一看伪军乱了营，便向身旁的副官和卫队说："快往城里冲！"几个家伙打着马拼命向平度城冲去。刚冲进"两山口"，跑在前面的两个就踏上地雷，"轰隆"！连人带马全给炸倒了。王子舟调转马头想往回跑，后面的机枪喷着火舌射了过来。

王子舟真像丧家之犬，不知如何是好。随从的副官说："地雷已经炸了，往前冲吧，城里马上会来援军的。"王子舟一想也对，两人拍马向前冲去。

"两山口"的地雷已经炸响了，前面的地雷却还没有全部安放好，通信班的战士们还在抱着地雷向公路上运。孙大兴搬了一个最大的地雷，也一溜儿小跑地往前赶。战士们一听到后面的手榴弹和地雷的爆炸声，都加快脚步，一阵风地向前跑去。孙大兴抱的地雷太重了，他跑了一会儿，就气喘吁吁地落在后面。他一转念："等我把这个地雷送到前面，前面的战斗可能已经结束了。败下来的敌人一定要逃回老巢去的。这个特大号的'铁西瓜'，干脆就埋在大路上，炸他十个八个也好。"

孙大兴抄近道翻过一个小山包，越过一片荒地，来到了公路边。他刚往公路边一伏，就听见远远有马蹄声顺着大路传过来。孙大兴想："咱们部队没有马队，准是逃跑的伪军。"他飞快爬上公路，放下地雷，使出全身力气用石块在路当中挖了一个坑。地雷刚放进去，"嘚嘚"的马蹄声已经快到跟前了。孙大兴赶快把土抹平，一溜烟儿跑到路旁的小沟里，手里拉着地雷引线，两只眼紧紧盯着大路。

在朦胧的夜色中，两匹马越来越近了。等马跑到跟前，孙大兴一咬牙，手一拉，"轰隆"一声响，两匹马两个人成两对儿倒在地上，不再动弹了。孙大兴兴奋得心好像要跳出胸膛了，两只手也哆嗦起来。他正想爬到公路上去看看炸死的是两个什么家伙，忽然听得枪声停止了，心想："坏了，部队打完仗就要撤走，我得赶紧追上去。"

孙大兴拔腿就跑，忽然从沟旁的树丛中发出一声喊："站住！"孙大兴愣了一下，"糟了，和敌人遭遇了！快跑。"才跑了几步，脚下就被什么东西绊了一下，扑通趴倒在地上，背上立即被人按住了。

按住他的人喝问："什么人？"'

孙大兴不理睬，拼命想把那人掀掉。那人又问了一句："干什么的？"

孙大兴骂道："狗汉奸！"

这一骂，那人倒松了手，笑了起来："哈哈……我正纳闷这个伪军的个头怎么这样小，原来是大水冲了龙王庙，一家人不认得一家人啦！"他一边说一边把大兴拉了起来。

孙大兴一听，是一班长！他连忙站好大声说："报告班长，我炸倒了两个家伙，两个骑马的！"

"被你炸倒了吗？太好了！"

原来一班长奉命在这一带伏击逃跑的敌人。他们刚跑到公路边上，就看见两个骑马的敌军官飞跑过去，却没来得及截住，大家心里正不痛快，没想到这两个家伙倒叫大兴给炸倒了。

一班长跟着大兴来到爆炸的地方，却听得有人在"哎哟，哎哟"地直叫唤。一班长用手电筒照过去，那个家伙就喊起来：："弟兄们，大队长炸死啦！快来救命呀！"

"你们是什么人？"一个战士用枪指着那个受伤的家伙问。那个家伙才认清站在面前的是八路军，吓得结结巴巴地说："我，我是副官，是副官……"

“这个是谁？”一班长用手电筒照着倒在他旁边的死尸问。

“他是大队长……王子舟……”

“王子舟！”孙大兴走前两步，对那个伪大队长的尸体吐了口唾沫，骂道：“汉奸走狗，你再敢跟人民为敌吗？”

一班长和两个战士听说炸死的是王子舟，也都高兴极了。这时候，平度城那边移动着一闪一闪的火光。一班长望了一眼说：“敌人的援军出动了。咱们快追赶团部去。”

六

日本鬼子和伪军到处瞎碰乱撞，碰得鼻青脸肿，不敢随便出来“扫荡”了。他们对八路军更加恨之入骨，企图消灭八路军西海军区主力的心也更加迫切了。

敌人缩到了据点里去，八路军的行动可自由得多了。刘集这一片成了八路军的根据地，连双庙也有八路军的工作人员了。

为了配合展开工作，独立三团来到了刘集，派二营驻在双庙。

八路军是一支战斗队，也是一支生产队。他们住在哪里，就帮助那里的老乡生产。正摊上收地瓜的时候，孙大兴、武建华和战士们都在地里帮老乡刨地瓜。他们一边刨，一边听小武讲他们隐蔽在山洞里的生活。武建华讲到那天晚上，他想扒老乡的地瓜的事。他说：“我当时真不知怎么办好，不扒地瓜吧，伤员没东西吃，扒吧，又违反群众纪律。后来我还是没有扒。决定先回去请示领导。”战士们都说小武这样做很对。

孙大兴一声不响。那天晚上，他随一班长回来，虽然立了功，却因为擅自离开队伍，又受到了严厉的批评。他思想还不太通，过了半晌，才突然说：“纪律又不是死东西，在那种情况下，也得灵活点儿才行。要是我呀，就先把地瓜弄回来，以后打跑了鬼子，再向群众说明白，不也一样吗。先回来请示，很可能出不去了，要是没人送粮食来，那怎么办呢。”

大家一听大兴这么说，有的说：“有理。”有的说：“不对。”就议论开了。

政委也在刨地瓜，他全听到了。休息的时候，政委特地坐在大兴和小武的旁边，对他们说：“我给你们讲个故事，好吗？”

“好呀！好呀！你快讲吧！”两个孩子都拍起手来。许多战士也围拢来听。政委便开始讲：

“这个故事发生在红军长征的时候。那时候红军经过广西瑶族地区，瑶族是少数民族。党中央号召每一个红军，一定要维护少数民族利益，一草一木也不能侵犯。

“有一天，红军翻过一座山，这座山上只有三户瑶民。他们听说过来队伍，全都跑光了。有一家瑶民正在做饭，因为跑得慌忙，饭还留在锅里。

“红军一队一队过去了。每个战士都走得又累又饿，可是战士们经过这一家的时候，却没有一个去掀那锅盖。

“红军的后卫部队也过去了。跑出去的瑶民回到家里，一看屋里连柴草都没人动过一根，那做好的半锅饭也一粒米不少。他们听说过红军好，起先还不信，这时候才知道红军是这么好的队伍。

“这家瑶民盛出饭来正要吃，这时候来了一个红军战士。这个战士因为给另一个部队送信，落在后面，他追赶队伍，已经两天没有睡觉了。他身上背的米袋还有二斤多米，那是准备以后用的，因为路还远着呢。他一路上，吃的都是野菜。他走到这里的时候，实在走不动了，就坐在屋子外面喘息。

“屋子里的瑶民听见外边有人，出来一看，像是个红军，便问：‘是红军吗？’

“‘是的。’战士回答。

“瑶民看这个战士又累又饿，就把他请到屋里，端上一碗刚盛起的饭，送到战士手里。战士接过饭碗，他是多么想吃啊。可是他向屋子里四下一看，用具衣物都是破破烂烂的，看得出这家瑶民十分穷苦，就说了声：‘我不饿。’把碗送回给主人。

“‘哎呀，还说不饿呢，你再不吃就走不动了。’瑶民又把饭碗端给战士。这个战士想：‘主人这样真心诚意，不如吃了吧，吃了好有力气去赶部队。’但是又一想：‘我怎么能从这个穷苦的瑶民兄弟嘴里分走这碗饭呢？再说，我们的纪律是不拿人民一针一线，我怎么可以吃这碗饭呢！’他站了起来，坚决地说：‘谢谢你，老乡。我们是红军，红军的纪律是不拿人民的东西的。’

“瑶民说：‘你这不是拿，是我送的呵！纪律，嗯，你看你饿成什么样子了，还讲……’

“‘不能因为自己的肚子饿了，部队的纪律就不要了。不行！老乡，我们的纪律是自觉遵守的。’这个战士说罢，就告辞走出了屋子。

“瑶民连忙赶了出来，双手抱住了战士说：‘你不吃，我不放你走！’

“这个战士感动极了，也双手抱住了瑶民兄弟。他想：‘这正是走在前边的同志正确地执行了党的政策，深深地感动了瑶民兄弟，使他们认识到红军是什么样的人，所以瑶民兄弟才这样热爱红军啊！’

“两个人紧紧地拥抱着，都流下了眼泪来。这个战士觉得不吃这碗饭，就会伤瑶民兄弟的心，于是回到屋里，把饭吃了。临走的时候，他把自己身上的米袋悄悄地留给了那位瑶民兄弟。

“后来这个战士赶上了部队，可是他身上背的粮食没有了。在过草地的时候，饿得躺下来。那时候我碰上了他。问他：‘你为什

么把那些米全给了瑶民兄弟呢？你看你饿成这样了，怎么办呢？'

“他说：'饿倒我一个人没有关系，但是不能破坏红军的纪律，玷污了红军的光荣旗帜。'

“当时我身上还有点儿炒面，就和他分吃了。我扶着他，一起走出了草地。这件事一直深深地留在我的记忆里……”

战士们沉默着，心里充满了崇敬而又自豪的感情。田野显得那么静，只有微风吹拂着那秋天的稀疏的树叶，发出轻轻的沙沙声。白云滞留在碧蓝的天幕上，似乎也在倾听这动人的故事。

政委向战士们环视了一遍，声音十分有力地说：“严明的纪律是咱们革命队伍的一个特点。纪律受到破坏，咱们就会失去群众的支持，就不可能得到胜利。一个革命军人，不管在任何情况下，都必须有牢固的纪律观念。同志们联系自己的经历想想，一定会深刻体会到为什么必须这样做。”

政委讲的故事和说的这番话深深触动了孙大兴。他检查自己，发现自己好几次借口“灵活”执行，而破坏了纪律。像“烧粮”那一次，差点儿闯出大祸；这次没有请示领导就去埋地雷，虽然碰巧炸中了王子舟，但是很可能遭遇上敌人，也很可能部队撤走了，自己断了联系，那时候如何是好……孙大兴想得出了一阵冷汗，听得小武问政委：“后来那个战士呢？”

“我们一起经过了二万五千里长征，都到达了陕北。”

“现在他在哪里？”孙大兴急忙接口问。

“就在咱们团里。”

“在咱们团里！”战士们感到意外的惊喜，同声问：“是谁？”

“就是咱们的团长。”

“呵，团长！……”

那位可敬的战士就是自己热爱的团首长。战士们的心情是惊讶、快乐、感动、自豪交织在一起，简直兴奋极了。

这时候，有个十四五岁的孩子在地头上走过。这孩子穿着一件破夹袄，一条旧单裤，弓着腰，把头埋在胸前，好像怕让人看见。孙大兴觉得有点儿眼熟，就问："小武，你看那是谁？"

"咦，那不是田家林吗，他打哪儿来的？"武建华感到有点儿惊异。

"小武，他是谁？"政委看田家林的样子鬼鬼祟祟的，又问了一声。

"是被咱们打死的伪保长田癞子的儿子，也是个小坏蛋！"

"他现在干什么？"

"不知道。"

"街上忽然来了这么个人，你们俩要注意了解他一下。"政委向大兴和小武严肃地吩咐。

田家林知道地里的人在注意他，急忙向街里走去。

孙大兴和武建华马上站起来，跟在田家林后边。这小保长滑得像一只滚过油的耗子，钻进街里，就再也找不到了。孙大兴和武建华回来向政委作了汇报，政委考虑了一会儿，下令各营提高警惕，做好战斗部署。

七

原来田家林从家里逃了出来，就进城里找到了他三叔田三斜子的狐朋狗党，当起小狗腿子来了。鬼子正在想尽一切办法来消灭八路军西海军区的主力，就派田家林到双庙一带来侦察。当天晚上，田家林跑回平度城，向鬼子报告刘集和双庙驻有八路军。鬼子连夜调集了三百多鬼子和伪军，第二天天还没亮，就分成两路，直扑双庙和刘集。

在山头上瞭望的民兵发现了鬼子的队伍，立即把山头上的柴堆点着，这是发现了敌人的联络信号。接着附近几个山头上的柴堆也点起来了。

团长得到了报告，决定暂时把部队向山里撤。魏参谋急忙出去传达命令。团长向外边喊了声："孙大兴！"

"有！"孙大兴已经养成了一个本事，不管睡得多熟，只要团长一声喊，他在梦里也能答应。喊声刚落，孙大兴揉着眼睛，走进了屋子。

团长吩咐孙大兴说："你跑步到双庙，叫二营掩护区里的人员和老乡尽快向山里撤！"

"是！"孙大兴紧了紧裤腰带，向外就跑。

"大兴。"团长说，"你回来就直接上后龙湾。"

"是。"孙大兴口里答应着，脚已经跨出门外了。

刘集距离双庙有六七里路。孙大兴才跑到半路，天已经亮了。他跑着跑着，隐约地听见前面响起了地雷的爆炸声和断断续续的枪声，看来二营已经跟鬼子接上火了。一路上，许多老乡背着衣物，牵着牲口，扶老携幼地向山里跑去。

二营长在双庙也得到了民兵的报告，他立即命令部队掩护群众撤退。没料到鬼子来得异常迅速，老乡还没撤完，双庙便被鬼子包围上了。为了掩护老乡，二营不得不和鬼子干了起来。

鬼子的联队长中村亲自指挥这次战斗。他下令包围了双庙，并不马上打进去，而是从四面逐渐缩小包围圈，准备等到天大亮的时候才和包围刘集的军队同时发动总攻，来个"双管齐下"，一举歼灭两地的八路军。

二营长想趁鬼子立脚未稳，打开一条路，掩护老乡冲出去。三连长带着两个排冲锋，敌人被压得向两侧退了下去，战士们刚要掩护老乡们向外冲，缺口却被守在第二线的敌人用机枪扫射封住了。二营长命令各排加强工事，坚守到天黑再突围，并通知战士千万要爱惜子弹。一切布置停当，鬼子的机枪忽然激烈地响起来。二营长在工事里向外一望，只见一个矮小的战士冒着弹雨，趁着烟雾向村子里箭也似的跑来。二营长命令卧在他身旁的机枪手快开枪掩护。“哒哒哒……”一梭子弹发射出去，压住了敌人的火力。孙大兴弯着腰，纵身跳进了交通壕，他张着嘴直喘气，什么也说不出来。

二营长扶着孙大兴，来到临时指挥所，递给他一碗水。

孙大兴一仰脖子，咕咚咕咚地喝完了水，抹了一下嘴说：“团长叫二营赶快掩护这里的同志和老乡向山里撤!”

二营长摇了摇头说：“老乡才撤走了一部分，敌人已经把村子包围了！我正要派人去向团长报告。”

“二营长，不用派别人了。”孙大兴连忙站起来说，“团长命令我立刻回去呢。”

“你!”二营长说，“你留在这里，等晚上跟部队一起突围。团部现在在哪儿?”

孙大兴说：“团长命令直接去后龙湾。”

二营长低头用铅笔写了一张纸条儿。向外面喊了一声：“胡青山。”

“有!”一个体格健壮的青年战士答应着走进来了。

二营长看了看进来的胡青山，听听外面的枪声，考虑了一下，把写好的纸条撕掉了，站起来说：“这样吧，你突围出去，到后龙湾口头向团长报告：双庙已经被鬼子重重包围。如果部队掩护老乡白天冲出去，一定会有很大的伤亡。我们考虑村子的地势利于防守，所以决定坚持到天黑以后再突围。要求团里派一营兵力来接应，从背后给敌人施加一些压力。突围的时间是晚上八点整。表面上向西门突，实际上要从北面冲出去。你记得清楚吗?”

胡青山回答："记清楚了！"

"重复一遍，什么时候突围？从哪个方向？"

"晚上八点整开始突围，表面上向西门突，实际上向北面冲出去。"

"好，出发吧。出西门，翻龙头山，直奔后龙湾。这条路你熟吗？"

"走过两回。"

"好，去吧！"

胡青山转身要走，孙大兴连忙说："等一等，报告营长，请你让我跟他去！"

二营长看了看孙大兴，说："你不能去，我已经说过了。"

"报告营长，这条路我熟，哪儿好隐蔽，哪儿有近路，我全知道。我过来的时候，又把敌人外围火力的情况摸清楚了。营长，让我一同去吧！"

二营长考虑了一会儿说："好吧！胡青山，你一路上得好好护着大兴！"

孙大兴高兴得双腿一并，立正敬了个礼。二营长看见孙大兴没带武器，叫胡青山给他一颗手榴弹，送他们俩走出了临时指挥所。

胡青山和孙大兴弯着腰，顺着壕沟迅速地跑着。敌人的子弹像刮风似的在头上飞过，他们也不去理会。胡青山跑起来像一匹快马，孙大兴像一只机灵的小鹿，紧紧跟在他的后面。

跑到壕沟的尽头，前面是一块开阔地，胡青山停下来，盘算怎样通过。孙大兴说了声："冲吧！"没等胡青山点头同意，他就纵身跃出壕沟。子弹在他们头上呼啸，周围的泥土被打得飞迸。胡青山急忙跟上来，把大兴推到一块大岩石后面。就在这时候，孙大兴眼前闪过一串火光，胡青山来不及躲藏，被敌人的枪弹打中了，一头倒在地上。孙大兴急忙去扶他。他挣扎着抬起身来，挥了挥手示意叫大兴快跑。哒哒哒……又是一串火光落到胡青山的身上。他躺下来再也不动了。

孙大兴忍着满腔悲痛，看了一眼倒在血泊里的胡青山，便向一块地瓜地爬去。孙大兴的身子小，敌人没有发现他，胡青山被打倒，枪声也就停止了。

孙大兴沿着地瓜沟爬了一阵，听得后面没有枪声了，便弓身站起来，顺着山坡向山头爬去。爬到了半山腰，大兴抬头一看，山头上站着一个日军的岗哨。他想退回来，鬼子已经用枪瞄准了他，大声喝问："什么的干活？"孙大兴情急智生，连忙举起双手。鬼子看清是个半大的孩子，就不大在意，想下来捉活的。孙大兴乘机跳进身旁的一个坑里，拔出腰里的手榴弹，向鬼子扔去。手榴弹在鬼子脚下爆炸了。孙大兴一见鬼子被炸倒，爬起来飞奔上山头，拾起鬼子的枪，解下鬼子腰间的两个子弹盒。等到身后响起追击的枪声，他已经翻过山脊，冲下山去了。

八

孙大兴怀里抱着一支"三八"式步枪，兴奋地坐在团临时指挥所里。团长和政委坐在一旁，脸上流露着赞许的笑容。

"很好。"团长听完孙大兴的汇报，站起来说，"你完成了一项重要的任务。现在你去休息一下吧！"

孙大兴答应着，挺神气地扛起枪向外走。团长又叫住他说："大兴，你得的这支枪，拿去交给班长。"

孙大兴惊愕地站住了，十分委屈地说："团长，这支枪是我得的，还不给我吗？"

“给你？”团长看透了他的心思，温和地说：“这支枪太长，你用不合适。等这一仗打完了，缴到敌人的马枪，一定给你一支，行了吧！”

“真的？”

“当然真的啰！”

孙大兴抚摸着手里的枪，不放心地问：“团长，你说话可得算话呀！”

团长哈哈大笑起来，说：“瞧你这个小家伙，我什么时候说话不算话啦！等缴到马枪，我亲手交给你！”

“敬礼！我先谢谢。”孙大兴敬了一个军礼，转身跑出来。

孙大兴在门外一露面，战士们就把他围了起来。一个战士问他：“大兴，你怎么弄的这支枪？”

孙大兴比画着说：“嗬，我一见有个鬼子站在山头上，就想，跑吧，他准打死我。我得想法骗过他，最好揍倒他。我就举起双手，等他走近来，这家伙真以为我要投降呢，挺得意地瞧着我。我趁他不防备，跳进一个坑里，猛地扔出了一颗手榴弹。轰隆！就送他见姥姥去了。嘿嘿”，他拍拍挂在腰里的子弹盒，“这样我就捡了个便宜喽！”

战士们哄笑起来，一个说：“大兴，你的心眼儿真不少，往后该叫你孙猴子啦。”

武建华从人缝里挤进来，劈面就问：“大兴，你得了一支枪吗？”

“嗯，‘三八’式，大盖子！”孙大兴得意地举起枪，“你看看！”

武建华把枪接过来，拉开枪栓，扣了一下扳机，翻来覆去看了好几遍，不住地问：“你怎得的？你怎么跑回来的？”

孙大兴把刚才说的重复了一遍。武建华听得津津有味，夸奖大兴说：“你真不简单！”

一个战士拍着武建华的头说："哎，小武，你也去捞一支吧。"

武建华还没开口，孙大兴就接上去说："他呀，卫生员老是干后方工作，怎么捞得着枪呢？小武，你等着，以后我再缴一支枪送给你。"

武建华忽然绷起脸，默默地把枪还给了大兴，从人缝里钻了出来。他耳边响着大兴那几句话："卫生员老是干后方工作，怎么捞得着枪呢？"武建华知道，孙大兴不是奚落自己，但是心里总觉得不很痛快，不很服气。他想："我和大兴一般大，为什么他能得到枪，我就不能呢？难道我就不能到火线上去吗？"

战士们说笑了一阵，就散开了。孙大兴的情绪也不那么高了。他看见小武刚才不大高兴，便想："我又把话说错了。小武以为我小看他了。我又犯了骄傲自大的毛病了吗？哟！好像是有那么一点儿……"孙大兴想起在山洞中班长王玉成和宋军医说的话，想起在路上牺牲的胡青山，心里越发不安了，就急忙把枪和子弹盒交给了通信班班长，找小武去了。

根据孙大兴的报告，团长、政委还有一营长立即开会研究战斗部署。团长说："二营长的分析很正确，白天突围显然是不对的。现在敌人没抓住我们，把全部兵力压到二营身上去了。咱们必须分散敌人的兵力，减轻二营的负担，帮助二营摆脱敌人的包围。"

政委说："咱们放一部分兵力在龙头山上，就可以牵制住敌人不少的兵力。"

团长点点头说："对。一营长，过一会儿你派一个排到龙头山，把这个任务包下来吧。"一营长点头答应。团长又指着桌上的地图说："我还有一个打算。你们看，现在咱们已经了解，敌人这次出动的部队约三百人。也就是说，在敌人的大茅村、奎山等据点里，绝不会剩下多少人了。今天晚上，趁二营还把敌人吸引在双庙的时候，咱们派一连秘密地通过封锁线，一下子就可以把敌人的这两个据点搞掉。这样一来，双庙的敌人必然惊慌失措，要回去援救据点。二营的围就解了。”

政委说：“这个想法我同意，打下敌人的据点是不成问题的，不过要使双庙的敌人自动撤退，可能比较麻烦。中村这个家伙非常狡猾。他知道据点已经被打烂了，赶回去也是个烂的，他就必然硬打双庙，寻求报复。”一营长也说：“对，中村这家伙，又狡猾，又狠毒。”

团长点点头，接着说：“我同意你们的分析。但是中村一听到据点已经被我们捣毁，即使不去援救，也必然要分出一部分兵力来截击咱们。二营的负担还是会减轻的。另外，咱们外边还有两个连，可以同时从背后来夹击敌人，使鬼子腹背受敌。”

政委说：“嗯，既然这样，二营约定八点钟突围，这个时间就早了些。”他扳着指头算：“如果一连七点钟出发，通过封锁线到达敌人据点，至少要到九点多，十点钟才能打响。二营突围，要到十点钟才行。”

一营长忽然说：“叫二营改变计划，不从北门突，从西门突出来怎么样？”

“你的意思是……”团长望着一营长问道。

“我的意思是把敌人引到老龙谷里。”

“对！”团长的拳头在桌上轻轻一击，“要设法把敌人引到老龙谷里去！”

“老龙谷，”政委点点头说，“这主意好是好，但是敌人在夜间是不敢向老龙谷里钻的。”

团长说：“假如鬼子不进老龙谷，算他运气好。假如他们钻了进去，就把他们全部埋葬在那里！好！就按这个方案执行吧。”政委说：“那么，我们要派人和二营重新联系。”

从双庙方向不断地传来枪声，还夹杂着迫击炮的轰击声。团长看手腕上的表，时针指到了四点。他向政委说："七点钟以前，一定要和二营联系上。刘庆林现在应该准备出发了。"

政委从地图跟前转过身来点点头说："把大兴也叫来，让他介绍一下情况吧。"

不一会儿，通信班班长刘庆林带着孙大兴进来了。刘庆林中等个子，是个战斗经验很丰富的战士，所以团长和政委特意选了他。团长叫他们俩坐下，先向刘庆林交代了任务，又向孙大兴说："大兴，你把通往双庙这条路线上敌人的火力布置的情况，向你班长介绍一下吧。"

孙大兴眨眨眼说："好。不过……"

团长说："不过什么？"

孙大兴站起来说："团长，政委，让我也去吧！"

团长和政委对看了一眼，一齐问："你去？"

孙大兴好像怕团长和政委听不清楚，上前一步说："嗯，我去过一次，敌人的火力，我已经摸清楚了。我跟着班长，保险出不了问题。"

团长和政委都在考虑大兴的请求，班长刘庆林倒先开了口："团长，政委，不能让大兴去，他年纪小。通过包围圈，危险性也太大……"

"年纪小！危险！"孙大兴不等班长说完，急忙分辩说："我年纪小，难道就不是一个通信兵吗？危险性大，我不已经去过一趟了吗？我知道首长是爱护我，老担心我出事。可是，别的同志不如我熟悉情况，不是比我更容易出事吗？"

团长被深深地感动了。站在眼前的孙大兴脸色红红的，那双明亮的眼睛真诚可爱。团长仿佛看到一只勇敢的小鹰，迎着满天的风暴，振翅欲飞。"金子是在火里炼出来的！"团长这样想着，转过脸去向政委轻轻说了几句话。政委微微地点点头。团长走到大兴面前，两只有力的手放到大兴的肩上，按了两下，好像是试试他有没有力量挑起这副担子，然后严肃地说：

“大兴，你的想法很好。敢于征服困难，敢于接受考验，这是我们八路军光荣的革命传统。但是还必须记住：战斗越激烈，头脑越要冷静，不能逞勇冒险，而要想尽办法保全自己，完成任务。现在，我批准你和刘庆林同志一起去！”

孙大兴的心里洋溢着庄严的感情，眼前的任务显得更加重要了。他向团长和政委敬了个礼，响亮地回答：“我坚决完成任务！”

包围刘集的鬼子扑了空，也集结到双庙来了。上半天，二营打退了鬼子的四次冲锋。敌人的迫击炮、掷弹筒，不断地向村子里轰击。工事坍塌了，战士们从硝烟和泥土中爬出来，仍然坚守着阵地。最后一次，鬼子攻进了村子，战士们用刺刀把他们赶了出来。鬼子吃了几次苦头，攻势减弱了，但是仍然紧紧地围困着双庙，组织下一次进攻。

一直相持到天傍黑的时候，鬼子还是未能冲进双庙一步。鬼子在村子周围点起了一堆堆的火。看样子，不打下双庙，他们不会撤退。

刘庆林和孙大兴翻过两座小山，到了开阔地带。两个人一前一后，在地上匍匐着前进，巧妙地绕过了敌人的五个火堆。在绕过第六个火堆的时候，刘庆林看鬼子正围着火堆，坐在那里吃饭，就向后面摆摆手，示意孙大兴跟上，自己先向前面爬过去。孙大兴紧紧跟在后边。

有个鬼子在附近一个土坡上站岗。他忽然发现地上有什么东西在动，大声地喊了起来。刘庆林和孙大兴听见鬼子叫喊，更迅速地向前爬去。鬼子看出是人，就放了一枪。吃饭的鬼子听见枪响，都抓起枪向这边跑来。刘庆林回身投出一颗手榴弹，不等浓烟消散，跃起身来，招呼大兴快跑。他自己急跑几步，跳进一条壕沟。孙大兴正想跟着往下跳，一粒子弹飞来，打中了他的腿，他立即倒了下来。几个鬼子拥过来抓人，刘庆林从壕沟里又扔出一颗手榴弹，炸个正着，几个鬼子都倒下了。他跑回来，一把拉起孙大兴，正要背走。突然飞来几颗子弹，有一颗打中了他的胳膊。刘庆林一咬牙，手无力地垂了下来。

孙大兴扭头一看，三面都跑来了鬼子，再不走就脱不得身了。他急忙推着刘庆林说："别背我啦！快跑！我掩护你。"

刘庆林蹲下身子，想用没受伤的手把大兴往身上拉，坚持说："上来，我背你跑！"

孙大兴见鬼子拥到跟前了，急得把刘庆林使劲儿一推，恼怒地说："班长，你快去完成任务，别管我！快跑呀！"

刘庆林不听他的，硬把孙大兴拉在身上，刚跑出两步，从前面射来几道手电筒光，照在刘庆林脸上。

孙大兴低声惊叫道："坏了，前面也来了鬼子，班长，咱们俩必须跑走一个，快放下我！"他用力从刘庆林身上挣脱下来，向那几个跑近的鬼子扔出了一颗手榴弹，迎着鬼子爬过去。

刘庆林难过得心如刀绞，但是眼前的情景不允许他再犹豫。他转过身来，接连扔出几个手榴弹，纵身跳进壕沟，直向村子里跑去。

孙大兴见鬼子拥到了跟前，挣扎着站了起来，想拉断身上最后一颗手榴弹的弦，手却被蜂拥而上的鬼子抓住了。

九

七点半钟，双庙上空升起了红色信号弹，说明二营已经接到了团部的命令。

十点二十分，围攻双庙的鬼子向村里猛攻了一阵，接着便撤走了一部分兵力。原来鬼子联队长中村听到据点被打烂了，立即分兵回去拦击八路军。赵团长得到这个消息，就从指挥所走出来，向双庙的上空看了看，心想："敌人已经接受我们的指挥了。"就向身旁的魏参谋说："放信号弹，通知二营突围！"

两颗信号弹升上天空。在鬼子的面前和背后立即响起了猛烈的枪声和连续不断的手榴弹爆炸声。鬼子联队长中村正因为大茅村的据点被捣毁了在恼火，忽然听到枪声急如雨点，就狞笑了一下，断定八路军要趁机突围。他仔细一听，枪声集中在双庙的北面，以为二营要从北门突出去，就下命令加强那里的兵力，坚决堵在北门。鬼子的兵力刚调动好，二营却从西门突围出去了。中村万没料到八路军的行动会这么快，他想把北门的兵力再调回西门，却已经被来接应的八路军紧紧拖住，想甩也甩不掉了。中村这才知道上了当。但是这家伙死不服输，他索性把全部兵力调到北门，要和来接应的八路军拼个死活。

战斗十分激烈，卫生队的人员全到第一线去抢救伤员了。武建华的任务是跟着担架队，在后面运送伤员。可是他一看到伤员送不下来，就跑到前边来了。子弹在他头上呼啸，曳着一道道火光，空气中充满了火药的气味。他心里又紧张、又高兴，要是能碰到大兴，那有多好呀，大兴定会说："咦，是小武吗？怎么你也到火线上来了？"

武建华一面前进，一面注意向周围搜索。前面有一个排正在向前推进，武建华也跟了上去。他忽然觉得脚下一绊，低头一看，原来是一个伤员，连忙蹲下来问："同志，哪里受伤了？""腿上。"伤员回答。

武建华摸摸伤员的腿，湿漉漉的全是血，需要立即送到后面去包扎。他挺挺身子，扶着伤员说："同志，来吧，我背你下去。"

伤员在黑暗中打量了一下小武，说："不行，你太小了。"

武建华说："谁说不行，你试试看！"他用劲儿拉着伤员的胳膊，脊背往伤员怀里一拱，硬把伤员背到了背上。

伤员呻吟着说："放下我吧，小同志，你背不动呀。"

武建华不由伤员分说，背着就走。伤员的身子确实很重，武建华虽然咬紧了牙关，拼出全身力气，迈步也很艰难，其实与其说背，还不如说拖。

伤员极力把自己的身子往上提，企图减轻一些重量，一路上还不住地对小武说："放下吧，把你压坏了！要不你歇息一会儿也好。"

武建华不作声，一脚高一脚低地往前走。他想："我是个卫生员，无论你怎么说，我也不能看着伤员不管呀！"

忽然一道手电筒光向武建华射过来，接着有人问："那是谁呀？那样背伤员，伤员受得了吗？"

武建华一听是团长，喘着气站住，连忙耸了耸身子，把伤员向上托，无奈他身子矮，伤员的两条腿还拖在地上。

团长这才看清楚是小武，声音变得柔和了："哦，是小武呀！你怎么跑到前边来了？你背不动，放下吧。"

武建华不服气地说："我能背动。"

团长不听他的，吩咐身旁一个战士说："刘玉柱，你把这个同志背下去。"

刘玉柱答应一声，走过来从武建华身上接过伤员，背起就跑了。武建华心里很不愿意，却也没有法子。他想："我好容易上得火线来，碰上第一件事，就没有办好，多丢人呀！"却听得团长说："小武，你这种工作精神很好。但是想做好工作，不能全靠主观努力呀。这位伤员少说也有六十公斤，你怎么背得动呢？你跟刘玉柱去吧，一路上好好照护伤员，要设法尽快找到一副担架。"

团长的话是鼓励，也有批评。武建华听着，觉得句句入耳，答应一声就走了。

“多可贵的种子。”团长看着武建华的背影，低声说了一句。这时候，从前面传来一阵急促的脚步声，一营长跑步来到跟前说：“报告团长，我们已经掩护二营全体人员突出包围圈了！”

十

朝阳从地平线升起，放射出金色的光芒。山岭上连片的枫树更红得令人心醉。大泽山像巨人一样，威严地屹立着。从山顶飞起了一只小鹰，傲然地在碧空中盘旋飞翔。

一营和二营汇合了，他们把敌人甩在老龙谷外面，并且布置了一个“口袋”阵。假如敌人钻进了老龙谷，他们在谷口把“袋口”一收，敌人就像瓮中之鳖，再也跑不了。

孙大兴一夜没有回来，团长根据刘庆林的报告，估计这孩子是凶多吉少。他派了好几批战士去寻找大兴，却连尸体也没有找到。“这孩子还活着吗？”团长想，“残酷的敌人怎么会放过这倔强的孩子呢！……”

孙大兴还活着。他被抓住以后，鬼子把他绑在一棵大树上。他的腿上流着血，疼得彻骨。但是他仍旧仰着头，眼巴巴地望着天空。天空很明净，几丝白云渐渐淡去了，疏疏朗朗的星星一颗又一颗，在寂寞地眨着眼睛。孙大兴望呀望呀，脖子都发酸了。忽然两颗红色的火珠从双庙的方向升起来。“信号弹！”孙大兴笑了，这是敌人就要覆灭的信号啊！这是八路军要大获全胜的信号啊！他知道刘庆林已经冲出重围，把命令传达到了。孙大兴放了心，闭上了疲倦的眼睛。

两个鬼子兵走来，把孙大兴押到了敌人的临时指挥所里。在熊熊的火光中，孙大兴看见一个胖头肥脑的日本军官，满脸横肉，显得十分凶恶。这正是鬼子的联队长中村。

中村两只凶光闪闪的眼睛把孙大兴盯了好一阵。孙大兴毫不回避，挑战似的瞪大了眼睛向中村逼视着，中村的下巴微微地颤抖了，立即换了一副笑脸问："小八路，你的，双庙里的跑，什么干活？"

孙大兴不理他，头昂得高高的，心里说："狗东西，十点钟以前，我一个字也不回答你！"

"说！"中村等了一会，见孙大兴丝毫没有屈服的意思，立即又显出狰狞的面目。

孙大兴还是不理。

中村走过来，提起大马靴，照着孙大兴的肚子狠狠踢了一脚，大喝道："快快说！"

孙大兴倒在地上，肚肠子扯心地疼。他一甩头，连哼都没哼一声，挣扎着站了起来。

中村气得浑身发抖，掉转头正要向左右吩咐，一个日本军官跑步来到，附着中村耳朵说了几句话。中村顿时大惊失色，匆匆地走了出去。孙大兴心里明白："准是大茅村据点被咱们拔掉了。哼！狗东西，你倒了东墙，还要倒西墙哩！"

双庙的二营突围以后，中村弄得两手空空，还白挨了一顿打，又丢了两个据点。到了后半夜，战斗虽然停止了，中村却不敢离开他们的阵地，怕八路军夜间又来袭击。直等到天亮，中村估计八路军真的撤走了，才决定衔尾追击，想要捞回一笔老本。但是八路军向哪里去了呢？他却弄不明白。

中村怒气冲冲地背着手转了半天圈子，忽然想起还关着个小八路，命令手下把孙大兴带出来审问。

“小八路，你说，八路军哪里去了？”中村因为时间已很紧迫，决定用硬的手段，迅速解决。

孙大兴看见中村急得这样，心里想：“咱们部队这时候一定埋伏在老龙谷口，等鬼子钻到‘口袋’里去，好捉大鳖哩。我就把他骗到老龙谷里去，正好一网打尽。只是这个鬼子很狡猾，怎么才能骗得他上当呢……”

中村见孙大兴不回答，“哧啦”一声抽出了他腰里的洋刀：“再不说，你的死了的！”

洋刀高高地举到孙大兴的头上，看上去寒光闪闪，一股杀气。

孙大兴立即有了主意，装作胆怯的样子向洋刀瞥了一眼，身子稍微向后一缩，结结巴巴地说：“我……我说……”

中村狞笑着，把洋刀插进刀鞘，说：“好，小孩你给皇军带路，抓到了八路，金票大大的有……”

孙大兴一瘸一拐地走在鬼子的队伍头里，两个鬼子端着上了刺刀的枪，走在他的两旁。来到老龙谷口，中村见这里地势险恶，传令队伍停下来，自己策马赶到孙大兴跟前，厉声问道：“小孩，你的哪里带路？”

孙大兴神色镇静，扬起眉毛说：“八路军怕你们追击，不会走大路，定走这条岔道儿。现在他们顶多就在前边二三里远。”

中村不再怀疑，还是很凶狠地说：“小八路，你的撒谎，死了死了的！走！”

孙大兴说：“不撒谎。可你也不能骗我。我带你找到了八路，你得放了我呀！”

中村点头晃脑地说：“只要你的不骗。前边还有多少八路？”

孙大兴说：“原来有三百多，后来去了一百多打大茅村，现在还有一二百。”

中村听孙大兴说的和自己了解到的情况差不多，就“嗯”了一声，回头向队伍挥了一下手，叫他们快走。

站在崖头上的八路军瞭望哨，看见鬼子向山谷前进。立刻举起手里的红旗，向后崖挥动，通知埋伏在两边山头上的部队。

团长觉得很奇怪，昨天晚上鬼子都不敢向谷里追，怎么今天白天倒自动送上门了呢？不管怎样，抓紧时机打了再说吧。他命令埋伏的部队作好准备，听到号令立刻彻底地消灭敌人。

鬼子和伪军全部进入了山谷，中村便拍马走到高处向四下观察，只见两旁都是悬崖峭壁，前面山头突兀，看不到去路。而自己站立的这块地方，却是个阴森森的狭窄的谷底。原来这老龙谷有几句民谣：

老龙谷，八里长，
四季不见太阳光。
若是有人谷底过，
不喂虎来就喂狼！

一阵凉风吹来，中村不觉毛发直竖，心里叫声：“不好！”他急忙下令队伍站住，自己骑着马来到孙大兴跟前问道：“小孩，八路哪里的去了？”

孙大兴摇摇头说：“我不知道啦！”

中村怒睁怪眼，大吼：“撒谎的嘎！”

孙大兴相信咱们的部队已经布置好了，心里想：“好！鬼子已经让我引进埋伏圈了，我得趁乱逃跑。”他向四下望了望，看到不远有一条狭窄的山堑，里面长满了茅草，正好藏身，便大叫一声：“八路来啦！”

日军、伪军听说八路来了，全都一愣，慌慌张张地东看西看。

孙大兴趁这当儿，一瘸一拐地就往山堑那里跑。中村也正在蒙头转向，一见孙大兴要跑，掏出手枪，瞄准孙大兴，“砰”的一声射中了孙大兴的后背。孙大兴立即扑倒在地。中村怕没有打死，又接连射了两枪，才慌忙调转马头，挥手下令赶快撤出山谷去。

孙大兴躺在血泊里，只剩下了微弱的呼吸。他还想挣扎着站起来，可是做不到了，只好使劲儿睁开眼睛，望着前面的山头。忽然，他听到山头上吹起了嘹亮的冲锋号声，接着就是震天撼地的爆炸声……“呵，咱们部队打响了！”孙大兴猛然抬起头来，想大声呼唤，但是没有发出声音。他的头沉重地垂了下来，唇边挂着一丝微笑。

手榴弹像雨点一样从山头上扔下来，鬼子和伪军争先恐后地逃命。老龙谷内弹片、石块乱飞乱迸，像山崩地裂一般，打得鬼子和伪军血肉横飞。中村声嘶力竭地指挥人马向后撤退，可是谷口已经被机枪封锁住了，子弹像下冰雹般地向他们扫来，鬼子和伪军成排地倒下来。连中村在内，没有一个逃得了性命。

战斗一结束，团长就从山顶上走下来。他在一个鬼子骑兵的尸体旁边发现地上丢着一支“三八”式马枪，便想起了对孙大兴的诺言，就把那支马枪捡了起来。忽听得有人惊呼：

“团长！你来看！”

团长抬头一看，王玉成站在前面不远，脸色很难看，眼睛看着脚下。

团长绕过那成堆的尸体。走到那里，只见地上俯卧着一个穿灰色军装的孩子的尸体，背上有着三个明显的枪眼，一看就知道这是孙大兴。

王玉成这个坚强的战士，簌簌地直掉眼泪。团长一句话也说不出来，只觉得血骤然向上冲，喉咙也被哽住了。

沉默了好半晌，团长才蹲了下去，小心地把孙大兴的身子翻过来，用袖子轻轻揩掉他脸上的血，那张熟悉的稚气的脸好像在得意地微笑。团长站起来，沉痛地脱下了军帽。围拢来的战士们也摘下了自己的帽子。大家都明白了：敌人是被孙大兴带进山谷里来的。

团长看着自己手里的马枪，耳边似乎听到了孙大兴那孩子气的声音：

“团长，你说话可要算话呀！”

团长的眼睛湿润了，心里充满了巨大的悲痛和仇恨。人群忽然分开，武建华挤了进来。他愣住了，对孙大兴看了好一会儿，突然伏到大兴的身上，呜呜地哭起来。

王玉成把武建华扶了起来。武建华忽然看见了团长手里的马枪，抽泣着问道：“团长，这支马枪是给大兴的吗？”

团长沉重地说：“是的。我答应过要亲手送给他。”

武建华抬起头来，激动地请求说：“团长，把这支枪给了我吧！”

“给你！”团长看着武建华的脸，仿佛觉得孙大兴也站在自己的跟前。

“团长，你给我这支枪，我会像大兴一样去战斗。”

团长信任地点着头，严肃地把枪递给他。

武建华向团长敬过礼，把枪接过来，看着孙大兴说：“大兴，我一定用这支枪狠狠打击敌人！”

团长吩咐两个战士，到山头上那棵小松树下，挖一个坑。

山上松涛滚滚。一只雏鹰飞来，栖息在一棵苍劲的青松上。

1961年9月于济南